Erik Wenglein / Arno Hellwig
Matthias Schoof (Hg.)

Selbstvernichtung

Psychodynamik und Psychotherapie bei
autodestruktivem Verhalten

Mit 9 Abbildungen und 27 Tabellen

Vandenhoeck & Ruprecht
Göttingen · Zürich

Die Deutsche Bibliothek – CIP-Einheitsaufnahme

Selbstvernichtung : Psychodynamik und Psychotherapie
bei autodestruktivem Verhalten;
mit 9 Abbildungen und 27 Tabellen / Erik Wenglein ... (Hg.). –
Göttingen ; Zürich : Vandenhoeck und Ruprecht, 1996
ISBN 3–525–45786–3
NE: Wenglein, Erik [Hg.]

© 1996 Vandenhoeck & Ruprecht, Göttingen
Printed in Germany.
Druck und Einband: Hubert & Co., Göttingen

Inhalt

5

Selbstbeschädigendes Verhalten – therapeutische Aspekte

Vorwort

Dem Arzt für psychotherapeutische Medizin in der ambulanten Praxis und in der Klinik sind viele unterschiedliche Formen autodestruktiven Verhaltens und gefährlichen Agierens mit Selbstbeschädigungstendenzen bekannt. Es sind Handlungen, die potentiell die Vernichtung des eigenen Lebens nach sich ziehen können, dies jedoch (zumindest bewußt) nicht primär intendieren, die daher im weitesten Sinn als *autodestruktives Verhalten* bezeichnet werden können. Der Begriff ist nicht immer scharf von dem der Suizidalität zu trennen. Als *autodestruktives Verhalten* lassen sich alle potentiell auf Selbstbeschädigung und Selbstzerstörung ausgerichteten Handlungen, Phantasien, Ideen und autoaggressiven Impulse verstehen, die sekundär und oft in protrahierter Form zur Selbstauslöschung führen können. In Anlehnung an NELSON (1986) läßt sich indirektes autodestruktives Verhalten als selbstzerstörerisch beschreiben, auch wenn diesem das Element der direkten, bewußten suizidalen Absicht fehlt (z.b. Vielfachoperationen, Selbstverstümmelungen, risikoreiche delinquente Verhaltensweisen, häufige Unfälle sowie Suchtverhalten).

Solche selbst- und fremdverstümmelnden Eingriffe finden sich bei Patienten mit schweren ich-strukturellen Defiziten, narzißtischen und präpsychotischen Persönlichkeitsstörungen wie auch bei Patienten mit selbstquälerischen, masochistischen Selbstbestrafungsbedürfnissen. Aber auch Menschen mit hypochondrischen Auflösungs- und Selbstzersetzungsphantasien können im weitesten Sinn dieser Gruppe zugerechnet werden.

Alle diese im Hinblick auf Phänomenologie und Psychodynamik sehr unterschiedlichen Formen autodestruktiven Verhaltens sollten vom eigentlichen suizidalen Verhalten abgegrenzt werden, obwohl dies in der Praxis nicht immer ganz einfach und eindeutig möglich ist. Sie zeigen nicht selten Züge präsuizidaler Entwicklungen, die bei fehlender oder unzurei-

7

chender Behandlung in die Suizidalität einmünden können. Unter welchen inneren und äußeren Bedingungen dies möglich ist, davon soll in dem hier vorgelegten Band die Rede sein.

Ohne Zweifel lassen sich in den westlichen Gesellschaften in zunehmendem Maße auch kollektive Dimensionen von Aggression und Destruktion nachweisen. Ernstzunehmende Forscher prophezeien, daß die jährliche Suizidrate älterer Menschen bis über das Jahr 2000 hinaus um die Hälfte ansteigen wird, wenn die gegenwärtigen Prognosen über die Zunahme der Alterspopulation zutreffen. Diese »Alterslast« (BRENNER 1988) wird zur Verschärfung von Generationskonflikten in unserer Gesellschafts- und Wirtschaftsordnung und voraussichtlich zu einem verstärkten Druck auf die Gruppe der Alten, Kranken und Behinderten führen. Die Rückkehr sozialdarwinistischen und faschistischen Gedankenguts im Zusammenhang mit der sogenannten neuen Euthanasiedebatte (siehe dazu den Beitrag von H. L. WEDLER) könnte ein deutliches Hinweiszeichen auf diese sich bereits abzeichnenden gesellschaftlichen Konflikte sein. Die soziologischen Theorien DURKHEIMS und seiner Nachfolger über die sozialpsychologischen und gesellschaftlichen Bedingungen suizidaler und selbstzerstörerischer Handlungen erscheinen im Hinblick auf das geschilderte soziale Konfliktpotential durchaus aktuell.

In diesem Buch versuchen wir, den Rätseln Selbstbeschädigung und Selbsttötung etwas näher zu kommen. Der Bogen der Themen ist weit gespannt und umfaßt deren wichtigste Aspekte. Ohne daß eine scharfe Trennung sinnvoll und möglich wäre, beschäftigt sich doch ein Teil der Arbeiten mit Suizidalität, ein anderer mit Selbstbeschädigung. WURMSER lenkt zunächst das Augenmerk auf die Bedeutung von Masochismus und Scham für die Selbstzerstörung. BATTEGAY beschreibt verschiedene Motive zum Suizid und kritisiert die FREUDsche Hypothese des Todestriebes. KIND betont in seinem Beitrag den Übertragungsaspekt der Autodestruktivität und die Bedeutung der Gegenübertragung für die Diagnostik. TEISING geht auf die Suizidalität älterer Menschen ein, die die Hauptgruppe der Suizidanten stellen. HAENEL beschäftigt sich mit dem Phänomen des Doppel- und Kollektivsuizids. Eine einführende Übersicht der Suizidologie gibt WOLFERSDORF, die von WENGLEIN auf die Suizide in den psychosomatischen Kliniken eingeengt wird. SCHOOF hebt die Wichtigkeit der projektiven Identifizierung für die Suizid-dynamik hervor. Zum Themenkomplex der Selbstbeschädigung gibt PAAR einen Überblick über die verschiedenen Formen selbstverletzenden Verhaltens. SACHSSE erlaubt den Symptom-wandel bei Patienten mit selbstverletzendem Verhalten als Pro-gression und Therapieerfolg zu sehen. Abschließend hinterfragt WEDLER die Themen Sterbehilfe und professionelle Beihilfe zum Suizid.

Die Autoren kommen aus psychotherapeutischen Kliniken, universitären Einrichtungen und der freien Praxis. Dies zeigt ei-nerseits die universelle Problematik des Themas, andererseits ist es ein gutes Beispiel fruchtbarer Zusammenarbeit im Be-reich psychotherapeutischer Forschung. Möge dieses Buch da-zu beitragen, ein wenig mehr Licht in das große und so schwer verstehbare Dunkel des – wie weit wirklich selbstgewählten? – Todes durch Selbstbeschädigung und Selbstzerstörung zu brin-gen.

Arno Hellwig und *Erik Wenglein*

Autodestruktion und Lebenstriebe

LÉON WURMSER

Trauma, Gewissenszwang und doppelte Wirklichkeit als Konfliktlösung bei schweren Neurosen

Immer wieder ist mir bei meiner analytischen Arbeit aufgefallen, wie sich gewisse, durchaus komplexe Szenarien in ziemlich typischer Weise bei verschiedenen Krankheitsbildern wiederholen. Diese Szenarien stellen sich als richtige »Teufelskreise«, »Hexenkessel«, Circuli vitiosi dar. Dabei handelt es sich um eine Art zirkulärer Sequenz, die sowohl typisch ist für die Gegenwart wie für die Genese. In anderen Worten können wir sie als eine Abfolge von Ich-Zuständen ansehen, die sich im Hier und Jetzt der Übertragung und der gegenwärtigen zwischenmenschlichen Interaktionen ablesen lassen. Sie kann aber auch als Entwicklungsablauf verstanden werden.

In diesem Beitrag greife ich aus dem weiten Spektrum der schweren Neurosen die Sequenz der Abwehrvorgänge bei Sucht und masochistischem Charakter heraus. Dazu habe ich einen Fall ausgewählt, bei dem, wie es ja sehr häufig vorkommt, *beide* Formen der Pathologie zusammen vorkommen und sich recht weitgehend überschneiden.

»Die Schändung war das Gleichnis für mein ganzes Leben«

Ich habe gegenwärtig eine noch sehr mädchenhaft wirkende 38jährige Frau, Sonja, in Analyse, die seit 20 Jahren schwer heroin- und kokainsüchtig war, lange Zeit ihre Sucht durch Prostitution in Gang hielt, vor etwa 2½ Jahren mit HIV infiziert wurde und kurz vor Therapiebeginn die elterliche Gewalt über ihr jetzt dreijähriges Kind verlor; dieses wird jetzt von Adoptiveltern erzogen.

Seit früher Kindheit und bis heute litt sie unter episodischer chronischer Depression und Angst, oft mit Suizidimpulsen, doch häufiger mit extrem riskantem Verhalten, oft am Rande der Lebensgefahr, über Monate obdachlos, oft von Männern vergewaltigt und verwundet, gefesselt und über Stunden sodomisiert. Längere Zeit lebte sie mit einem anderen Drogensüchtigen, an den sie masochistisch gebunden war und der sie schwer mißhandelte. Er war der Vater des Mädchens. Nachdem sie sich von ihm getrennt hatte und von ihrer Schwester mit dem Tode bedroht worden war, lebte sie eine Weile mit einem Zuhälter, mit dem sie Drogen und Nadeln teilte. Bei ihm holte sie sich wahrscheinlich die HIV-Infektion.

Sie war von Zeit zu Zeit in verschiedenen Behandlungsprogrammen, längere Zeit erfolgreich in einer therapeutischen Gemeinschaft, die sie indes als sehr erniedrigend erlebte. Nach einem neuerlichen Rückfall verlor sie ihr damals zweijähriges Kind, das nun von Adoptiveltern in Kalifornien aufgezogen wird.

Auch körperlich zerfiel sie zusehends, wog nur noch 90 Pfund, wurde von der Polizei immer wieder verhaftet oder gesucht, stand sogar in Gefahr, für Mordversuch angeklagt zu werden, da Prostitution als HIV-Trägerin in Kalifornien rechtlich so eingestuft wird. In allem hatte sie Schiffbruch erlitten. So floh sie kurz vor Weihnachten 1993 in Todesangst und Verzweiflung nach Hause und trat zunächst in ein Methadonprogramm ein. Als ihre Eltern sie allein daheim ließen, um in Florida Ferien zu machen, hatte sie einen erneuten lebensbedrohlichen Rückfall mit Kokain. Dies bewegte sie schließlich zur Einsicht, daß alle Methoden der Symptombeseitigung allein ungenügend waren und sie einer radikaleren Therapie bedürfe, die ihr erlauben würde, auf die Ursprünge ihrer Probleme zu stoßen. Auf Anraten eines anderen Patienten von mir, bei dem und bei dessen Frau sie Hilfe gefunden hatte, bat sie mich gegen Ende Februar darum, sie in Analyse zu nehmen. Seither hat sie sehr gut, mit intensiver emotionaler Beteiligung und tiefen Einsichten mitgearbeitet.

In den 8 Monaten seit Beginn hatte sie einen ernsthaften Rückfall mit Kokain von etwa 48stündiger Dauer. Sie ist noch immer im Methadonprogramm, arbeitet seit kurzem als Freiwillige in einem Projekt für AIDS-Kranke und nimmt neben der Analyse 5 Stunden in der Woche an Narcotics Anonymous Meetings und Gruppentherapie teil. Seit Beginn der lokalen Behandlung bekommt sie auch Antidepressiva.

Sie ist das jüngste von vier Kindern einer sehr problembeladenen Familie, die jedoch äußerlich stets eine anständige Fassade aufrechterhielt.

Sonjas Vater wird als explosiv und egozentrisch geschildert, der ständig seine Frau heruntermacht und sie anschreit. Nach außen war er jedoch ein sehr erfolgreicher Fabrikbesitzer, der sein Unternehmen aus sehr bescheidenen Anfängen durch eigene Kraft aufgebaut hatte.

Die Mutter ist Hausfrau, sozial sehr schüchtern; sie sei eine Märtyrerin, ein »geprügelter Hund«; sie wehre sich nie, sondern verberge alles hinter einer stoisch-frommen Maske. Die ganze Familie, die – ausgehend von den Großeltern – nach Amerika eingewandert war, richtete sich völlig darauf aus, sozial angenommen zu werden, »es zu schaffen« (making it), und zwar vor allem im Golf- und Country Club Set. Das richtige Äußere zählte allein. Daheim war Sonjas Identität die einer Versagerin, »the loser«.

Der älteste Bruder Sonjas, Karl, etwa 15 Jahre älter als Sonja, war als Kind sehr ungezügelt und explosiv, litt unter Diabetes und war das eigentliche Sorgenkind. Einmal stieß er die Mutter die Treppe hinunter. Später sei er ebenfalls drogensüchtig geworden, unstet, selbstdestruktiv und gleichzeitig ein Perfektionist. Schließlich wurde er von einem von ihm in seinem Haus beherbergten Stadtstreicher ermordet.

Der andere Bruder, Jay, etwa 8 Jahre älter als Sonja und jetzt ein erfolgreicher Lehrer, veranlaßte das etwa 7- oder 8jährige Mädchen zur Fellatio an ihm, und zwar vor seinen Freunden, nachdem er häufig schon Geschlechtsverkehr mit der nächstjüngeren Schwester gehabt hatte. »Er wußte, ich würde alles für ihn tun, um von ihm angenommen zu werden. Er wußte, er könne mich zur Fellatio überreden und machte mich zum Gespött seiner Kumpanen«. Heute ist er angesehen, glücklich verheiratet und hat ein Kind.

Die Schwester Maggie, 5 Jahre älter als Sonja, war zuerst in der Kindheit ihre Beschützerin, tief geliebt und bewundert von der Jüngsten. Später jedoch wurde sie zur Alkoholikerin und zeigte oft starke Eifersucht auf die Schwester, da diese viel hübscher war und von den Männern umworben wurde, während Maggie als gewöhnlich beschrieben wird, auch an einem ernsthaften Hüftgelenkleiden erkrankt war und meist von Männern gemieden wurde. Sonja beschreibt einen besonders beängstigenden Zwischenfall: Als sie selbst schwanger und obdachlos bei Maggie Hilfe und Unterkunft suchte, fuhr diese mit Sonja im Vordersitz in betrunkener Wut durch die Straßen, schrie dabei, sie werde Sonja töten, stieß mit etwa 15 parkenden Autos zusammen und schmetterte das Auto schließlich gegen einen Baum. Sonja floh, und damals fand sie bei jenem Zuhälter Obdach.

Sonja schildert, wie sie als Kind immer sehr schüchtern und verängstigt gewesen sei, ständig versucht habe, gut und freundlich zu sein. Sie wollte die Zwistigkeiten in der Familie schlichten und alle glücklich machen, versuchte den Zorn des Vaters zu beschwichtigen und das Unglück der Mutter zu heilen, ihren Brüdern zu Gefallen zu leben und die Schwester zu bestaunen. Doch erinnert sie sich auch von Anbeginn der Therapie an, wie sehr sie sich in früher Kindheit gefürchtet habe, ihre Mutter würde sie tatsächlich in der Nacht töten, und zwar mit Hilfe von Soldaten, die im Garten auf sie lauerten, oder aber mit dem elektrischen Autofenster.

In der Adoleszenz brach eine andere Seite von ihr durch, eine innere Teilpersönlichkeit, welche die Schranken ihres übermäßig strikten Gewissens sprengen, ihrer Gefügsamkeit absagen und der Verzweiflung, Einsamkeit und Wertlosigkeit entrinnen wollte.

Seither oszilliert sie zwischen diesen *zwei Identitäten*, fast bis zum Grad einer multiplen Persönlichkeit: der eines scheuen, gewissenhaften, ängstlichen, ehrlichen Mädchens, das alles daran setzt und alles zu opfern bereit ist, um Annahme und Liebe zu erringen, ängstlich vor allen sozialen Kontakten, die hofft, die Retterin ihrer Familie zu sein – und der einer aufsässig rebellischen, wütend selbstsüchtigen, sich selbst durchsetzenden Kämpferin, die sich um nichts mehr schert, als darum, alle Schranken zu durchbrechen und die Freiheit des Rausches zu erringen. Durch freche Revolte gegen Konventionen und Grenzen von Gesellschaft und Natur betäubt sie ihr *chronisches*

Angst-, Schuld- und Schamgefühl. Sie fordert in gewagtester Weise Tod und Demütigung heraus, treibt sich mit wilden Kerlen herum, ohne sich um Folgen zu kümmern. Insbesondere mußte jeder Erfolg wieder und wieder zerstört werden: Mehrere Monate lang ging es ihr äußerst gut, und dann plötzlich, zur Überraschung von allen und von ihr selbst, geriet sie in ein Saufgelage mit Kokainkonsum, finanziert durch »Tricks« mit Männern (Prostitution), und innerhalb weniger Tage endete sie in einem katastrophalen Zustand: körperlich ruiniert, ohne Auto, ohne Geld. Früher spielte sich das auch mit Halluzinationen ab, sie sei eine Hexe mit dämonischen Augen, oder sie sah starrende Augen und hörte Stimmen.

In ihrer Suche nach Tragödie und Gefahr liegt eine stark *sexuell-masochistische* Komponente. Alle ihre heterosexuellen Beziehungen hatte sie mit brutalen Männern, die sie mißhandelten und ausbeuteten. Oft riskierte sie ihr Leben.

Es waren immer Männer, die »*totale Macht und Kontrolle*« zeigten, zu denen sie sich hingezogen fühlte, die also ihr eigenes *Ideal der narzißtischen Bewältigung der Scham* verkörperten. Sobald aber diese Liebhaber Sonjas tiefe Selbstunsicherheit und Abhängigkeit bemerkten, mußten sie sie natürlich mit Verachtung verwerfen; ihre auf totale Macht gegründete Philosophie erlaubte nichts anderes. »Und das schoß einen Pfeil genau an die schmerzhafteste Stelle!« fügt sie hinzu. »Sie wollten Frauen mit Macht.« Und damit war die Ursprungsscham nur nochmals bestätigt und vertieft: »Ich war der wertloseste Dreck, niedriger als niedrig, erbärmlich ... Der Schmerz war zu stark; meine Seele wäre untergegangen, hätte ich nicht die Drogen gehabt. Welch ein Fluch, immer von denen angezogen zu sein, die mir zeigen würden, wie erbärmlich ich bin!« Zumeist habe sie sich für diese innere Schande bestraft: »*Die Schändung war das Gleichnis für mein ganzes Leben.* Alles ging nur darum, mich zu erniedrigen und zu bestrafen, da ich erbärmlich war. Ich suchte so viel Bestrafung wie ich konnte.«

Der Vater erschien ihr gespalten: Er nahm das Kind in sein Bett, spielte mit ihm in verführerischer Intimität, doch behandelte er Sonja andere Male mit eisiger Verachtung wegen ihrer Schüchternheit. »Ich hätte alles meinem Vater zu Gefallen getan«, berichtete sie. »Er war für mich Gott, und ich war sein kleines Mädchen. Doch dann war er wieder sehr grausam. Ich hatte ihn auf einen Sockel gestellt, und ich fühlte, ich war nicht gut genug, er konnte mich nicht achten. Er war sehr kritisch. Er konnte wie Tag und Nacht sein«. »Die Familie saß am Tisch. Es war Stille. Plötzlich wandte sich mein Vater an mich: ›Warum hast du nie etwas zu sagen?‹ Er stellte mein Unbehagen bloß. Es war, als ob ich ein großes Schild trüge: ›Etwas ist mit mir nicht in Ordnung, und ich schäme mich.‹ Es war solch eine Erleichterung, Drogen zu nehmen, um mich davon zu befreien.«

Zwischen Vater und Tochter bestand sehr viel gegenseitige Liebe und Zärtlichkeit; diese aber standen in Konflikt mit der tiefen Angst und Wut.

»*Er ist wie zwei verschiedene Menschen* ... Ich war ein Kind, das Liebe im Herzen hatte und verwundet wurde, und keiner sah es, besonders mein Vater nicht. Ich wollte, er würde mich lieben. Als Teenager spürte ich solche Wut. Er preßte mich mit der Kehle gegen die Wand und schrie: ›Du verdammte Hure!‹ ... Doch in mir war ich gequält von meiner inneren Stimme. Die Ironie war: Ich wollte so sehr geliebt werden, Freunde haben, doch alles, was ich bekam, war Zurückstoßung. Niemand sah mich, niemand konnte sehen, wer ich war. Niemand kümmerte sich darum, ob es mich schmerzte. Niemand konnte es spüren, wie verwundet ich war. Sie konnten keinen Fehler machen, und ich konnte nichts richtig machen.«

So bestand ein radikaler Konflikt in ihr zwischen den *beiden Bildern des Vaters*: kalt, rasend, grausam – liebevoll, warm, jener Vater, zu dem sie jeden Morgen ins Bett sprang, auf dessen Schoß sie saß und mit dem sie badete. *Sein Bild ist doppelt, ist gespalten, und so ist ihr Selbstbild.*

Die Mutter »war sehr kalt und kann sich nicht ausdrücken. Mein Vater beklagte sich, sie sei auch sexuell kalt. Sie ißt kaum oder aus dem Abfall und kauft sich keine Kleider. Sie nimmt für sich alte Kleider, die sie für ein Spital gesammelt hat, und stiehlt Fleisch und Lippenstift im Geschäft. Sie ist sehr hager und ekelt sich vor dicken Leuten. Sexualität ist etwas Schmutziges für sie.« Als die Mutter Sonja in deren Kindheit bei der Masturbation ertappte, behandelte sie es als etwas Entsetzliches, wusch sie mit Seife und Wasser ab und sagte ihr, es sei etwas sehr Schmutziges.

»Da gibt es immer diese Mischbotschaften von ihr. Sie sagt, alles sei in Ordnung, aber man spürt, es ist gar nicht so. Ich sage ihr: ›Du

18

sagst das eine, aber ich spüre etwas anderes.‹ Sie fühlt sich wohl mit ihrem falschen Lächeln und heuchelt das vor, was erwartet wird. Ich aber ziehe den Vorhang weg. Mir liegt an der Ehrlichkeit: daß man sagt, was man meint. Doch alles war so doppelt zu Hause.« – »Sie ist voll von Scham. Je länger, um so mehr spüre ich, wie unbehaglich meine Mutter ist. Ich möchte ihr helfen, es in Ordnung bringen, sie heilen. Ich hasse es, sie leiden zu sehen, noch heute, wie damals, wenn der Vater sie anschreit. Ich hörte es die Nacht hindurch. Sie stritten sich oft über die anderen Kinder. Ich dachte: ›*Wenn ich älter bin, werde ich ein vollkommen gutes Kind sein und niemals Probleme verursachen, und sie werden so stolz sein auf mich*! Das war so, wenn ich sie zanken hörte ... Ich möchte ihr helfen, aber sie läßt es nie zu. Sie ist solch eine opfersüchtige Märtyrerin.«

So gab es eine Atmosphäre stetiger Verurteilung – bei der Mutter durch ihr Märtyrertum und ihre religiöse Moral, beim Vater durch sein Herabsetzen und seinen Hohn, die Sonja in einen chronischen Schuldzustand versetzten. Ihre Schuld basierte auf *allmächtiger Verantwortlichkeit*: »Als ich 5 Jahre alt war, träumte ich, ich sei ein Engel in einer geistigen Welt, helfe meiner Mutter und sei die perfekte Tochter; ich bringe Frieden in dieses Haus voll von Unruhe und Aufregung. Es war eine schwere Verantwortung für ein kleines Kind.«

Das Familienleben ist gespalten in die Fassade bürgerlicher Respektabilität, frommer Sittsamkeit im trauten Heim, die Betonung der Opferbereitschaft und Selbstlosigkeit einerseits, andererseits aber mörderische Wut und Verachtung, Terror und Grauen. Diese *doppelte Botschaft* hat sich bis heute nicht verändert; dasselbe wiederholt sich nun mit den Enkelkindern.

Doch was finden wir psychodynamisch hinter diesen beschriebenen Phänomenen? Was ist der Teufelskreis beim Masochismus, wie es sich bei masochistischen Patienten als verstecktes Schema allmählich eruieren läßt?

Der masochistische Circulus vitiosus

Die Dynamik des zugrundeliegenden moralischen Masochismus kann als eine zirkuläre Sequenz betrachtet werden.

1. Narzißtische Krise als Ausdruck der Traumatisierung

Es handelt sich um eine hohe, entweder gerechtfertigte oder aber weit übersteigerte Erwartung, namentlich im Sinne ihrer eigenen Großartigkeit, ihrer Perfektion, ihrer Fähigkeit, das Familienunglück zu heilen, die Gegner zu versöhnen. Die Wirklichkeit kann dieser *grandiosen* Erwartung nie nahekommen. So stürzt dann die Selbstachtung abrupt ab. Diese Phase können wir die *narzißtische Krise* nennen.

Diese narzißtische Krise spiegelt die ursprüngliche, oft lebenslange Traumatisierung wider, die bei ihr in den schweren Konflikten zu Hause zwischen vorgetäuschter Rechtschaffenheit und Frömmigkeit und der wirklichen Atmosphäre von Wut, Haß, Überforderung und Beschämung besteht: »das Haus der Angst«.

»Der Hauptgrund, warum ich wieder beginne, Kokain zu spritzen, ist, daß ich nicht ehrlich genug darüber gewesen bin, wie schlecht ich mich über die Wende, die mein Leben genommen hat, fühle. Das Ausmaß der Scham ist unglaublich. Ich verberge mich davor die ganze Zeit. Ich bin ein wanderndes Unheil, voll von Schuld und Vorwurf. Fange ich dann mit der Droge an, rege ich mich so darüber auf, daß ich wegrenne, um nicht zu sehen, was geschehen ist: Jetzt ist alles vorbei. Ich habe alles verwirkt. Ich will mich töten. Ich will niemandem mehr ins Gesicht schauen, aus überwältigender Scham. Ich bin so wütend auf mich selbst, so voll Beschämung über mein Leben und so voller Angst, daß ich nie zu etwas fähig sein könnte. Ich kann es mir nicht vorstellen, je auf mich stolz zu sein, und jeder denkt dasselbe von mir. Oder je erfolgreich. So bestrafe ich mich dafür. Ich hatte hohe Erwartungen von mir: daß jeder auf mich stolz wäre. Aber ich war von Anfang an verflucht (doomed). Es war immer diese Angst ... Die Drogen erlaubten mir zu rennen und zu rennen. Ich kann nicht anhalten. Ich bin so zornig auf mich selbst.«

2. Affektregression und Gebundenheit an den Schmerz

»Es ist wie ein Ozean von Enttäuschung und Schmerz. Und wenn ich dessen bewußt werde, zerfalle ich«.

Der nächste Schritt besteht darin, daß die Gefühle als überwältigend, global, archaisch, körperlich empfunden und nicht in Worten faßbar werden: ein unbeherrschbarer Einbruch von Wut und Scham und Verzweiflung. Dies ist der Vorgang der *Affektregression*, das heißt eine Generalisierung und Totalisierung archaischer, zum Teil präverbaler Affekte. Es handelt sich dabei um einen *Zusammenbruch der Affektabwehr*. Die gewöhnliche Kombination vielfältiger Abwehrmechanismen, der Dämme also, die solche Affektfluten zurückhalten, erweist sich als mangelhaft.

Zunächst scheint dabei der Affekt selbst zu verschwinden; es bleibt bloß eine vage, doch unerträgliche Spannung, vielleicht eine Sehnsucht zurück, eine hektische Suche nach lustvollerer Erregung und Erleichterung, eine Stimmung von zielloser, doch unerträglicher Rastlosigkeit, ein Begehren, das dem Verlangen (»craving«) nach einem Drogenentzug sehr ähnlich ist. Zugleich verallgemeinert sich das Gefühl, z.b. zu einer Grundbefindlichkeit von Trauer und wildem Schmerz: der Gram und das Verlorene steht für das Verlorene; er selbst darf nicht verloren gehen.

3. Sexualisierung

Doch finden wir bei der Affektregression bei genauerer Untersuchung typischerweise den Vorgang der Sexualisierung, wie sie sich in der folgenden archaischen Gleichstellung widerspiegelt: Sexualität, sexuelle Erregung = Gewalt, Grausamkeit, Explodieren (bursting) = schmerzhafte Spannung = überwältigende, unerträgliche Gefühle = Überstimulierung. Dieser Zustand und Erlebniskreis *überwältigender Überstimulierung* wird als verzehrend und verschlingend erlebt: »Die Frustration, die Wut, die Ungeduld wurden etwas Körperliches in mir, eine Art sexueller Energie. Ich möchte aus meiner Haut fahren. Ich pflegte zu masturbieren, um die Frustration loszuwerden. Auch wenn ich mich haßte oder wenn ich eifersüchtig war, verwandelte es sich in etwas Körperliches, Sexuelles. Und ich schämte mich sehr über meine Masturbation.«

Es war eine unerträgliche, körperlich erlebte Spannung, Unruhe und Rastlosigkeit: »Es war, als ob ich platzen müßte. Ich versuchte mich zu kontrollieren und konnte niemanden wissen lassen, was ich spürte. Ich kann es nicht in Worte fassen.«

4. Umkehrung, Allmachtsphantasien und doppeltes Selbst

Die vierte Station ist einerseits die *Wendung vom Passiven ins Aktive*, das »Umdrehen des Spießes«, oder – von der Ich-Seite her betrachtet – die *Identifizierung mit dem Angreifer* oder mit dem Trauma. Dies mag in Form von gegen die Außenwelt gerichteter Wut und Empörung geschehen; es ist ein ohnmächtiger Versuch, aus dem leidenden Erlebnis ein Tun oder doch ein Provozieren zu gestalten – in Trotz und Rache zurückzuschlagen. Oder es mag sich um intensiven Neid und Eifersucht handeln. Es mag Verachtung sein oder Ressentiment, das Gefühl von Ungerechtigkeit, von unrechtmäßig zuerteiltem Defizit.

Sonja spricht von einer rastlosen *Suche nach Macht*, die der ursprünglichen Hilflosigkeit, Ohnmacht und der Scham über die Schwäche entgegenwirken soll: »Als Prostituierte fühle ich für einen Moment die Macht; durch Manipulation so viel Geld wie möglich zu bekommen, und so wenig wie möglich als Gegenleistung zu tun, das ist Macht.« Dies ist die *Phantasie der Allmacht* als Schutz gegen das Grauen der Hilflosigkeit. Teil dieser allmächtigen Wandlung vom Passiven ins Aktive ist die Haltung der *aktiven Dehumanisierung der anderen*, indem sie diese in derselben Weise als Werkzeuge und Teilobjekte behandelt, wie sie sich bislang objektifiziert, manipuliert, entpersönlicht empfunden hat. Perversion im allgemeinen ist ja dehumanisierte Sexualität, oder sexualisierte Dehumanisierung.

Andererseits ist es ganz entscheidend, daß es dabei zu einer *Verdoppelung des Selbst* kommt. Sonja bekennt:»Entweder liege ich darnieder oder ich bin oben. Entweder spiele ich das Prostituiertenspiel und fühle nichts, außer der Macht, oder es ist das andere Ich: keine Macht, totale Scham und Verletztheit, alles Gefühl. Ich bin entzweigebrochen: ich bin ein völliger Versager, und ich habe die Illusion der totalen Macht.«

Diese Spaltung oder Verdoppelung beinhaltet eine massive *Verleugnung der inneren Realität*, namentlich die der überwältigenden Affekte, und erfolgt als *Affektblockierung*. Andere Abwehrformen, wie Verdrängung, Verneinung, Projektion spielen dabei mit, verblassen aber im Vergleich zur Abwehr durch Verleugnung und Affektblockierung. Dazu gehört aber auch eine die Verleugnung unterstützende Gegenphantasie, welche die Realitätswahrnehmung entkräften soll.

Die *doppelte Wirklichkeit* wie die *multiple Persönlichkeit* ist gerade bei schwerer Traumatisierung eine wichtige Form der Phantasie:»Ich bin es ja gar nicht, der dieses Entsetzliche, Grauenhafte erlebt. Es ist mein Alter ego, mein Körper, meine

Schale. In Wirklichkeit befinde ich mich ganz wo anders und bin auch jemand ganz anderer.«

5. Introjektion

Doch nun folgt als fünfte Station die Wendung der Aggression gegen das eigene Selbst, die *Verinnerlichung des Traumas*: Die Grausamkeit von Trauma und Mißhandlung wird nun Teil des Über-Ich – parallel zur Wendung der Wut, des Neides und der Verachtung gegen die eigene Person. Wie wir von Freud wissen, besitzt und verewigt diese Gestalt des inneren Richters nicht nur die Aggression des traumatisierenden Objekts, sondern ebenso die Aggression des Subjekts, die nun durch diese innere Autorität in Schranken gehalten werden soll.

6. Konflikte im Über-Ich

Dabei ist aber entscheidend wichtig die widersprüchliche, gespaltene Natur der Werte, die von diesem inneren Richter vertreten und durchgesetzt werden. Es ist, als ob »er« in sich gegensätzlichen Gesetzen und Werten folgte, doch dabei weiterhin absolute Unterwerfung verlangte. Mehrere solcher Konflikte sind denkbar. Ich betone zwei, die von besonderer Wichtigkeit sind: den Gegensatz zwischen *sich befehdenden Loyalitäten* und das *Scham-Schuld-Dilemma*. Einige Worte zum letzteren: Werten der Stärke, der Macht, der Selbstbehauptung, der Selbstverwirklichung, kurzum der *Ehre*, stehen solche der Zugehörigkeit, Gemeinschaft, der Rücksicht auf andere, kurzum der *Liebe* gegenüber. Die Verletzung der ersten Reihe ruft Scham hervor, die der zweiten Schuld. Der übermäßige, globale Charakter der Idealforderung läßt dann kaum mehr einen Zwischenraum offen. Das Leben wird zu einer Wanderung auf schmalstem Grat, zwischen Abgründen auf beiden Seiten.

Dabei bedarf es besonderer Beachtung, zu welchem Ausmaß und wie oft gerade das Über-Ich zum Träger von Neid und Ressentiment werden kann, wie sehr die Stimme des Gewissens ein rachsüchtiges Ungerechtigkeitsgefühl ausdrücken kann. Das aber heißt, daß weder Lust noch Erfolg dem Selbst gegönnt werden kann, ebenso wie sie dem anderen vergönnt werden. Es ist ein *totalitäres Über-Ich*, mit sich selbst zerstritten in Forderungen unversöhnlicher Totalität.

7. Absolutheit – das narzißtische Stigma

Infolge der Globalität und Absolutheit des bisherigen Ablaufs nehmen Verantwortlichkeit und Ich-Ideal eine ähnliche Totalität an. So finden wir, als Pendant zum grausamen Gewissen-Richter-Über-Ich, das *grandiose Ich-Ideal*, im Sinne einer allmächtigen Verantwortlichkeit.

Allgemein gesagt dienen narzißtische Phantasien an erster Stelle, wie schon erwähnt, in traumatischen Situationen als Schutz gegen Hilflosigkeit, und an zweiter Stelle, im jetzigen Zusammenhang, als Schutz gegen den Ansturm der Verurteilungen durch das Über-Ich. Demnach wird Narzißmus nicht als primäre Triebmanifestation verstanden und gedeutet, sondern als Phantasiestruktur mit hauptsächlicher *Abwehrbedeutung*. Die ganze narzißtische Phantasiewelt der Überwertung, der Grenzüberschreitung, der Größenansprüche und Idealisierung ist vor allem der Versuch, ein überwältigend strenges Über-Ich zu überwinden, gerade auch der Hilflosigkeit vor dem inneren und äußeren Richter in magischer Weise Herr zu werden.

Teil dieser wichtigen Allmachtphantasie ist die Rettungsmission: Um nicht mehr hilflos zu sein, zieht man es vor, sich selbst die Schuld an der Schreckenssituation zuzuschreiben und die Aufgabe in der Identität des Erlösers zu suchen.

8. Reexternalisierung des grausamen Gewissens

Die nächste Station ist die Wieder-Nachaußenwendung der ganzen Grausamkeit des Über-Ich: Andere werden ebenso verhöhnend und bestrafend behandelt, wie es das eigene Gewissen dem Selbst antut. Damit wird man zum grausamen Richter der anderen – der *Sadismus verhüllt als Moralität*. Das Erkennen dieser durchgehenden *Abwehr des Masochismus durch Sadismus*, besonders im Hinblick auf Über-Ich-Aspekte, die vor allem in der Übertragung reinszeniert wird, wurde für mich eines der wichtigsten Hilfsmittel in der Behandlung der schweren Neurosen und darüber hinaus zu einer der wertvollsten Einsichten in die Entstehung der Aggression überhaupt.

Zugleich mit dieser Wendung der Über-Ich-Aggression nach außen findet sich die narzißtische Einstellung von Arroganz und Anspruch.

9. Herbeigeführte Opferhaltung (provoked victimization)
Schließlich endet der Patient immer wieder in der *Position des Opfers*. Das ist eben die masochistische Seite, die mehr oder weniger im Vordergrund steht und die Symptomatik prägt. In den masochistischen Kernphantasien werden die traumatischen Erlebnisse wieder und wieder erlebt, und zwar in Abfolgen von *unter eigener Regie* inszenierten Vorgängen von Leiden und Demütigung. Dabei ist das Primäre nicht die perverse Sexualität, also die Bedingung von Leiden oder Erniedrigung, um sexuelle Befriedigung empfinden zu können, sondern die schon zuvor beschriebenen und grundlegenden Phantasiegleichungen der *Sexualisierung der Gewalt*. Diese wiederholt sich nun unablässig in der Unterwürfigkeit dem quälenden, starr urteilssüchtigen *inneren Richter* gegenüber. Der geheime Zweck dabei liegt in den *magischen, allmächtigen Verwandlungen*, die sich in der masochistischen Phantasie verbergen; durch Leiden und Demütigung bemüht sich der Patient, auf einer bestimmten Ebene Liebe und Respekt zu erzielen. Was dabei unbewußt bleibt, ist deren »alchemistische« Bedeutung, denn dabei wird die Wirklichkeit in einer Reihe von Verleugnungen und Umdrehungen magisch umgewandelt: »Durch meine Unterwerfung, dadurch, daß ich als das Opfer Schmerz und Scham erleide und geschlagen werde, verwandle ich Leiden in Lust, Angst in sexuelle Erregung, Haß in Liebe, Trennung in Verschmelzung, Hilflosigkeit in Macht und Rache, Schuld in Verzeihung, Scham in Triumph, vor allem aber Passivität in Aktivität.«

Der Masochismus ist aufgrund dieser Prämisse der *Macht durch Leiden* zu verstehen. Doch dieses Ziel bleibt unbewußt, das Bemühen zerstört sich selbst. Das Ende ist fortgesetztes Leiden und oft die Katastrophe. Der *Circulus vitiosus* schließt sich, die Traumata werden neu geschaffen, der Fluch bestätigt sich immer von neuem.

Autodestruktion und Lebenstriebe

Hermann Hesse schildert in seinem Märchen »Der schwere Weg« eine mühsame Bergwanderung, die aber letztlich doch zum Ziel führt, einem Berggipfel. Dort träumt der Berggänger aber von einem kahlen Baum, der aus dem Gestein wächst, und von einem schwarzen Vogel, der zuerst darauf sitzt, dann aber in die Tiefe fliegt. Bald stürzt der Vogel, und der Träumer erkennt nun im fallenden Tier sich selbst. Er stürzt gegen die Erde, an die Brust der Mutter. – Es ist, wie Hermann Hesse gezeigt hat, nicht etwa nur bei Depressiven und/oder bei ausgesprochen narzißtisch Gestörten, sondern beinahe bei jedem Menschen hintergründig das erwähnte Gefühl vorhanden, daß ihn auf einem Gipfel die Tiefe anzieht. Der Wunsch, sich in die Tiefe zu stürzen, mag nicht zuletzt, wie bei Hesse, einem sehnsüchtigen Wunsch nach Geborgenheit bei der »Großen Mutter Natur« entspringen.

Dieser oft als sehr eindrücklich erlebte Drang könnte als Zeugnis für den von Sigmund Freud (1920) angenommenen Destruktions- oder Todestrieb angesehen werden. Befragen wir aber in der Folge die Betroffenen, so erkennen wir, daß es ihnen keineswegs darum ging, ihr Leben zu zerstören oder zu beenden. Sie phantasierten vielmehr einen lustvollen, wenn auch von Angst begleiteten Sturz in die Tiefe. Diese Phantasie entspricht zutiefst auch einer Größenvorstellung, nämlich jener, in den weiten Raum springen und dann frei fliegen zu können. Dieser Vorstellung begegnen wir schon in der griechischen Mythologie, in der der Flugwunsch für Ikarus das Motiv für sein letztlich zum Tod führendes Handeln abgibt. Die heutigen Drachensegler, die oft ein hohes Risiko für ihr Leben eingehen, sind nicht etwa von einem Todestrieb beseelt, sondern möchten in den Lüften die Erdkraft überwinden und das Leben genießen.

Das Leben in der Grenzsituation

Erst in der Grenzsituation (JASPERS 1965, BATTEGAY 1981) der extremen Gefährdung des Lebens können diese Menschen offenbar sich ihrer Existenz besonders erfreuen. Sie sind dann in ihrem Erleben Herren über Leben und Tod und schweben, scheinbar ihrer selbst mächtig, über den Niederungen der übrigen Natur. Ein Todestrieb, der das Ableben gezielt intendierte, ist dabei nicht zu erkennen.

Es mag etwa auch der Wunsch mitspielen, die eigene Begrenzung zu überwinden und sich in der großen und großartigen Natur aufzulösen, ein Teil des Alls zu werden. Die Betreffenden möchten eine Fusion eingehen mit der sie faszinierenden Berg- und Tälerwelt und damit noch inniger als bei deren Anblick an ihr teilhaben. Diese Auflösung in der für sie gewaltigen Natur würde sie illusionär in ihrem Selbst bestärken.

Ist der Suizid Zeugnis des Todestriebes?

Wir haben es in unserer Psychiatrischen Universitätspoliklinik am Kantonsspital Basel immer wieder mit Patienten zu tun, die in ihrer Verzweiflung Hand an sich legten. Nun haben wir von 106 Patienten, die deswegen in der der Poliklinik angegliederten Psychiatrischen Kriseninterventionsstation 1991 und 1992 stationär aufgenommen wurden, die soziodemographischen Basischarakteristika, die Methoden der Suizidversuche, die Hauptprobleme, die mit dem Suizidversuch assoziiert waren, und die klinischen Diagnosen gemäß ICD-9 zu erfassen versucht.*

Es zeigte sich, daß Frauen mit 78,3% den weitaus größeren Anteil von Patienten mit Suizidversuchen darstellten gegenüber 21,7% der Männer.

Sechs Männer (26,1%) und 18 Frauen (21,7%) waren jünger als 30 Jahre, 14 Männer (13%) und 11 Frauen (13,2%) waren über 60 Jahre alt. Die Verteilung der Suizidversuche bezogen

---

* Herrn Dr. T. Yilmaz, Oberarzt, sowie Herrn A. Ernst, Sozialarbeiter, beide an der Basler Psychiatrischen Universitätspoliklinik, möchte ich für die statistische Bearbeitung herzlich danken.

auf die Altersgruppen unterschied sich nicht signifikant** zwischen den beiden Geschlechtern.

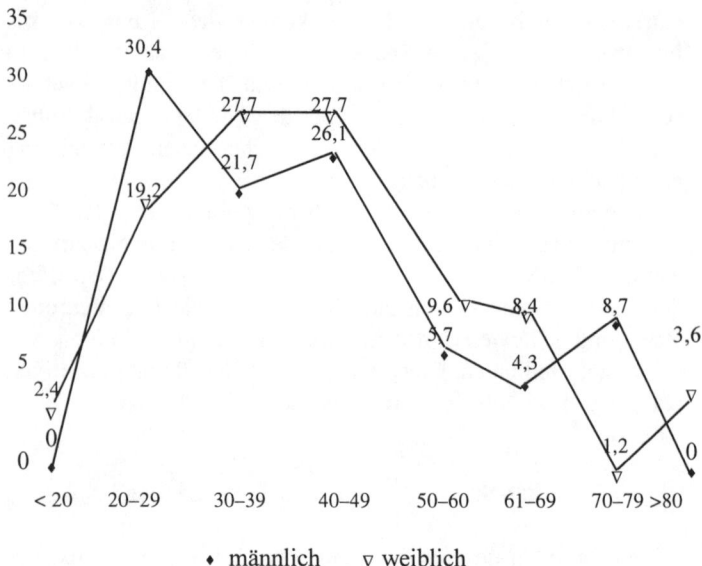

♦ männlich   ▽ weiblich

Abbildung 1: Patienten nach Suizidversuchen
Verteilung nach Altersgruppen und Geschlechtern (in Prozent) in den
Jahren 1991 und 1992
(n = 106)

Als Methode für den Suizidversuch haben 7 (8,4%) der Frauen und 7 (30,4%) der Männer ihre Tentamina suicidii durch schwerwiegende Selbstschädigungen (Schnitt in die Radialisregion oder andere Methoden) getätigt. Diese Differenz ist signifikant (chi²: 5,806, p=0,016). 68 (81,9%) der weiblichen und 16 (69,6%) der männlichen Suizidpatienten haben sich durch Intoxikationen das Leben zu nehmen versucht. Die Geschlechtsunterschiede sind dabei nicht signifikant. Männer und Frauen griffen oft zu Benzodiazepinen für ihre Autointoxikation (45 Frauen [54,2%], 7 Männer [30,4%]).

** Signifikanzprüfung mittels t-Test und Mann-Whitney-Test.

	weiblich Anzahl	weiblich %	männlich Anzahl	männlich %	total No.	total %
Selbstvergiftung	68	81,9	16	69,6	84	79,3
Benzodiazepine	45	54,2	7	30,4	52	61,9
Alkohol	6	7,2	1	4,3	7	8,3
Antidepressiva	4	4,8	3	13,0	7	8,3
Neuroleptika	2	2,4	1	4,3	3	3,6
Andere	11	13,3	4	17,4	15	17,9
Selbstverletzung	7	8,4**	7	30,4**	14	13,2
Handgelenk- oder Armschnitte	3	3,6	4	17,4	7	50,0
Andere Methoden	4	4,8	3	13,0	7	50,0
Selbstverletzung und Selbstvergiftung	8	9,6	0	0	0	7,5
	83		**23**		**106**	

Abbildung 2: Methoden zur Ausführung der Suizidversuche aufgeteilt nach Geschlechtern in den Jahren 1991 und 1992

(n = 106; ** p<0,01)

Als die häufigsten Probleme, die mit dem Suizidversuch assoziiert waren, stellten sich die Partnerbeziehungen heraus (43/106 [40,7%]). Frauen haben nicht signifikant häufiger die Beziehungsproblematik angeführt als Männer. Es zeigten sich zwar bei den beiden Geschlechtern Unterschiede in bezug auf die Frequenz somatischer Störungen als Hauptgrund für den Suizidversuch, doch waren sie statistisch nicht signifikant. Diese Störungen figurierten auf dem zweiten Platz der Hauptprobleme bei den Männern (3/23 [13,1%]) und auf dem letzten Platz bei den Frauen (1/83 [1,2%]).

Wird das erfaßte Kollektiv in bezug auf die auslösenden Probleme in verschiedenen Altersgruppen aufgeteilt, so kann gezeigt werden, daß bei den Patienten über 60 Jahren die soziale Isolation eines der Hauptprobleme darstellt, das zum Suizidversuch führte: 3/14 (21,5%) der Patienten, die älter als 60 Jahre alt waren, sagten, daß die soziale Isolation ihr Hauptproblem sei, während nur 2/92 (2,2%) der Patienten, die jünger als 60 Jahre alt waren, dieses Problem als ihre Hauptschwierigkeit im Leben vor dem Suizidversuch angaben. Diese Differenz ist signifikant* (P=0,016).

In bezug auf die Diagnosen muß vorerst gesagt werden, daß wir eine Krise als Zustand erschöpfter Ressourcen und als einen Zusammenbruch der für das Leben benötigten Copingstrategien betrachten. Anpassungsstörungen waren dementsprechend die am häufigsten gestellten Diagnosen (26/106 [24,6%]). Ferner stellten die Patienten mit Borderline- oder anderen Persönlichkeitsstörungen einen hohen Anteil dieser Patienten. Doch ergab sich kein Unterschied zwischen den beiden Geschlechtern in bezug auf die gestellten Diagnosen.

Wenn wir unsere Resultate überblicken, können wir sagen, daß die Tentamina suicidii im Grunde nicht das Ende des Daseins, sondern eine Beendigung der partnerschaftlichen, sozialen und körperlichen Schwierigkeiten und Beschwerden intendierten, die anders scheinbar nicht zu erreichen war.

Wer den von FREUD (1920) postulierten Todestrieb annimmt, denkt vor allem auch an den Suizid als dessen Manifestation. Dabei dürfen wir nicht in den Fehler verfallen, einfach von ei-

---

* Signifikanzprüfung mittels chi^2 – und Fisher´s exact test.

Probleme	<3	%	30–60	%	>60	%	total	%
Partnerbeziehung	9	37,3	30	44,2	4	28,8	43	40,7
Soziale Isolation	2	8,4	0	0,0	3	21,5*	5	4,8
Beziehung zu anderen Familienmitgliedern	7	29,1	10	14,7	1	7,1	18	16,9
Somatische Störungen	1	4,2	2	2,9	1	7,1	4	3,7
Wohnverhältnisse	0	0,0	1	1,5	0	0,0	1	0,9
Arbeit	1	4,2	6	8,8	0	0,0	7	6,6
Psychische Störungen	1	4,2	8	11,8	2	14,2	11	10,5
Trauer/Verlust	1	4,2	2	2,9	0	0,0	3	2,8
Finanzen	1	4,2	2	2,9	0	0,0	3	2,8
Krankheit eines Verwandten	0	0,0	2	2,9	2	14,2	4	3,7
Andere	1	4,2	5	7,4	1	7,1	7	6,6
	24		**68**		**14**		**106**	

Abbildung 3: Hauptprobleme bei Suizidversuchen aufgeteilt nach Altersgruppen in den Jahren 1991 und 1992 (n = 106; ** $p < 0,05$)

Diagnosen	männlich Anzahl	männlich %	weiblich Anzahl	weiblich %	total Anzahl	total %
Anpassungsstörungen	6	26,1	20	24,2	26	24,6
Depressive Neurosen	4	17,4	19	22,9	23	21,7
Borderline-Störungen	3	13,1	9	10,8	12	11,3
Andere Persönlichkeitsstörungen	6	26,0	18	21,7	24	22,7
Unipolare Störungen	0	0,0	3	3,6	3	2,8
Bipolare Störungen	0	0,0	1	1,2	1	0,9
Schizophrenie	2	8,7	6	7,2	8	7,5
Andere Störungen	2	8,7	7	8,4	9	8,5
	23		**83**		**106**	

Abbildung 4: Patienten nach Suizidversuchen: Hauptdiagnosen aufgeteilt nach Geschlechtern in den Jahren 1991 und 1992 (n = 106)

nem äußeren Tatbestand auf einen zugrundeliegenden Destruktions- beziehungsweise Todestrieb zu schließen, der sich dabei gegen die eigene psychophysische Existenz richtete. Bei Menschen, die Hand an sich legten und durch ärztliche Intervention am Leben erhalten blieben, wie auch bei Menschen, die sich tatsächlich suizidierten und einen Brief hinterlassen haben, sehen wir, daß sie in ihrer Vorstellung einen Dialog mit der »Nachwelt« pflegten. STEFAN ZWEIG, der sich im Jahre 1944 in Petropolis/Brasilien zusammen mit seiner zweiten Gattin das Leben nahm, hat in seinem Buch »Die Welt von gestern« beschrieben, wie sehr er der europäischen Vorkriegskultur verbunden war und nicht mehr zu hoffen wagte, daß in der Zukunft je wieder die früheren Werte in ihrer Bedeutung erkannt und hochgehalten würden. ZWEIG, in seiner Entwurzelung und in der Ferne von Europa, war nicht etwa in die Fänge eines Todestriebes geraten, sondern er wagte es in seiner Entwurzelung und Depression nicht mehr, an eine Zukunft zu glauben.

Wie KARL JASPERS (1965) darlegt, ist dem Menschen der Tod als absolutes Ende des Daseins nicht faßbar. Er sagt an einer Stelle folgendes: »Das nur vitale Bewußtsein kennt den Tod nicht. Erst das Wissen vom Tode macht ihn zur Wirklichkeit für uns. Dann ist er die Grenzsituation: Die mir liebsten Menschen und ich selber werden als Dasein aufhören. Die Antwort auf die Grenzsituation ist gefordert im Seinsbewußtsein meiner Existenz.«

Im Selbstmord wird also im Grunde nicht das Autodestruktive angestrebt, nicht das Nicht-mehr-Sein, das Ende der leib-seelischen Existenz, sondern es soll das unerträgliche Leid ein Ende finden. Diese Menschen können den psychophysischen Schmerz in den gegebenen sozialen Bezügen nicht mehr ertragen und gehen darauf aus, durch den Suizid in ein anderes Leben, das sie noch erfahren könnten, in ein »diesseitiges Jenseits« zu gelangen, in dem sie doch noch irgendwie am Dasein partizipieren könnten.

Selbstwertproblematik

Bei den Menschen, die Suizidversuche ausführen oder Suizid begehen, besteht ausnahmslos eine Selbstwertproblematik, eine Leere beziehungsweise ein Mangel in ihrem Selbstwertgefühl (WOLK-WASSERMANN 1986). Wie es bei vielen narzißtisch Beeinträchtigten typisch ist, bestehen auch bei den Menschen, die suizidale Handlungen begehen, kompensatorische Größenvorstellungen. Sie hatten meist, wie HENSELER (1974) feststellt, größte Erwartungen an sich selbst und ein realitätsfremdes, hochgespanntes Ich-Ideal, dessen Beachtung von ihrem Über-Ich unbeugsam gefordert wurde. Diese Menschen konnten ihrem Ich-Ideal nicht oder nie genügend nachkommen, waren stets von sich und in ihren Erwartungen gegenüber den Mitmenschen enttäuscht und legten bei einer objektiv vielleicht bedeutungslosen, subjektiv aber wichtigen neuen Enttäuschung Hand an sich, nicht aber um den Tod triebhaft zu erzielen, sondern, um ihr und der anderen vermeintliches Versagen nicht mehr ertragen zu müssen.

Wenn also Menschen beim Gewahrwerden einer schweren Erkrankung dazu kommen, sich das Leben zu nehmen, so geschieht dieser Schritt einerseits oft aus Angst vor einem langen Siechtum und Leidensweg. Andererseits stehen dahinter etwa auch Größenvorstellungen. Diese Menschen wollen selbst bestimmen, wann der Tod – der für sie aber nicht immer in aller Endgültigkeit gegeben ist – an sie herantreten soll. Sie versuchen damit, sich den Naturgesetzen zu entziehen und jene Freiheit des Entscheidens über Sein oder Nichtsein zu erlangen, die man ehedem Gott oder den Göttern zugeschrieben hat. Meist sind sich die Suizidalen nicht bewußt, daß sie mit ihrer Handlung die Zeitlichkeit zu überwinden trachten. Fühlen sie sich als vermeintliche Herren über Leben und Tod nicht gebunden an den Ablauf des sonst unabwendbaren Lebens- und Sterbensprozesses, so setzen sie sich eine Stufe über die anderen Menschen.

Eine 1949 geborene Krankenschwester, die bei Geburt knapp 1500 Gramm gewogen habe, litt bis zum 15. Lebensjahr an Enuresis nocturna. Das Kindesalter sei ferner durch Pavor nocturnus gekennzeichnet gewesen. Als die Mutter sie im Alter von etwa 4 Jahren einmal zu Bett brachte und sich danach, um Einkäufe zu tätigen, von ihr entfernte, empfand die Patientin fürchterliche Angst. Sie schrie so laut, daß die Mutter nach Verlassen der Wohnung nochmals zurückkehrte und die Patientin schlug. Daraufhin habe sich die Mutter wieder entfernt. Die Patientin hatte damals wie auch später das Gefühl, von den Eltern nicht verstanden und nicht geliebt zu werden. Als Kind habe sie viel geweint. Zu den zwei älteren Geschwistern habe sie keinen näheren Kontakt gefunden. Gefühle seien in der Familie nie ausgesprochen worden. Mit 11 Jahren, vor Eintritt der Menarche, noch unaufgeklärt, habe sich die Patientin mit ihrem Bruder intim eingelassen. Diesen Akt habe sie als Spiel aufgefaßt. Zwei Jahre später begann sie an einem Globusgefühl im Hals zu leiden. 1969 fing sie eine dreijährige Ausbildung zur Krankenschwester an. Sie schloß die Lehrzeit erfolgreich ab, obschon sie sich einige Male Drogen gespritzt hatte und an einer Serumhepatitis erkrankt war. Wegen Angstzuständen, Schluckbeschwerden, Versagensängsten und Insuffizienzgefühlen trat die Patientin im Januar 1977 eine stationäre psychiatrische Behandlung an. Nachdem mehrere geplante Suizidversuche in der Klinik verhindert werden konnten, unternahm die Patientin unmittelbar nach einem Wochenendausgang ein Tentamen suicidii mit 20 Tabletten Metaqualone. Auch nach dieser Suizidhandlung war sie noch längere Zeit depressiv. Von mehreren Träumen, die sie hatte, sei einer angeführt: »Ich sprang von einem Haus hinunter und landete auf einer Wiese mit Blumen. Ich empfand ein irrsinnig schönes Gefühl. Ich erlebte diesen Traum als ausgesprochen angenehm.«

Im zitierten Traum schien es, daß die Patientin auf der einen Seite die Realität nicht so anzunehmen vermochte, wie sie war, und dementsprechend vom Hause absprang. Auf der anderen Seite verrät das Geträumte ein Allmachtsgefühl. Sie verletzte sich bei ihrem Traumsprung vom Hause nicht, sondern landete mit einem Hochgefühl auf einer blumigen Wiese.

Das Erstreben eines vorstellbaren Nachher

JASPERS (1965) spricht davon, daß nur der Mensch in seinem lebendigen Dasein um seinen Tod wisse. Die Angst vor dem Tod sei eine solche vor dem Nichts, aber untilgbar scheine trotzdem die Vorstellung, der Zustand nach dem Tod sei ein anderes Dasein. Der Gedanke also, daß nach dem Ableben noch etwas kommt, wird zwar von intellektuellen Menschen oft abgelehnt, jedoch zutiefst meist dennoch irgendwie aufrechterhalten. In vielen Religionen ist diese Vorstellung niedergelegt. Was die Suizidalen besonders kennzeichnet, mögen sie intellektuell orientiert sein oder nicht, ist ihre Vorstellung, daß für sie dieses »Nachher« greifbar ist, und durch sie vermeintlich aktiv herbeigeführt werden kann. Der Suizidversuch oder Suizid erscheint damit nicht als ein Beweis des von FREUD (1920) angenommenen Todestriebes, der bei aller Tendenz der lebenden Wesen, immer weiter existieren zu wollen, kaum zu beweisen ist. Die Suizidalen wollen, vielleicht mehr noch als andere, leben, jedoch in einer anderen, unbeschwerteren Existenzform.

Ein 23jähriger Mann, zweiter Sohn eines leistungsorientierten Akademikers und einer langjährig an Tuberkulose kranken Mutter, suchte unsere Sprechstunde auf. Während er als Kleinkind dem auf Tüchtigkeit ausgerichteten Leitbild der Familie entsprach, stellten sich beim Patienten bald Schulschwierigkeiten ein. Nach absolvierter Maturitätsprüfung entschied er sich für den Maschineningenieursberuf. Er versagte aber anläßlich von zwei Vorprüfungen, obwohl er beide Male geglaubt hatte, sich für die Examina gut vorbereitet zu haben. Am Anschlagbrett der Hochschule las er über seinen Mißerfolg. Einen Tag nach seinem Versagen begab er sich nochmals dorthin. In der Folge trank er im Übermaß Whisky, und er nahm eine Pistole zu sich. Er fuhr an einen Ferienort, begab sich auf einen Berg und hatte im Sinn, sein Leben durch einen Pistolenschuß zu beenden. Der Patient erwartete, nach erfolgter Erschießung in eine Gletscherspalte zu stürzen. Da er durch sein Verhalten auffiel, wurde er in eine Psychiatrische Klinik eingewiesen. Dort wurde eine neurotisch bedingte Selbstunsicherheit diagnostiziert. Im Spital führte er ein Tentamen suicidii mittels Schnitt in die linke Handgelenksregion aus. Nach Klinikentlassung, bei der ersten Besprechung in unserer Poliklinik, imponierte der Patient als wohlerzogen, höflich und äußerst geordnet. Er betonte, ein Ziel vor sich haben zu müssen, und äußerte die Absicht, den Ausweis als Lastwagenführer zu erwerben. Während der Lehrzeit wolle er auf dem Land bei der Muttersmutter leben. Trotz seiner vordergründigen Loyalität den Eltern gegenüber zeigte er ihnen gegenüber Aggressionen. Er hielt an seinen Berufsplänen fest, obschon Vater und Mutter mit ihrem hohen Berufsideal für den Sohn damit nicht einverstanden waren.

Beim Patienten machten sich deutlich *Größenvorstellungen* geltend. Er versagte in Prüfungen, weil er das Gefühl hatte, sich dafür kaum vorbereiten zu müssen und von selbst durchzukommen. Umso mehr war er enttäuscht, als sich seine Erwartungen keineswegs erfüllten und er in den Examina scheiterte. Auch wie er die Suizidhandlung plante, zeugt von einer Größenvorstellung. Die Tatsache, daß er auf einen hohen Berg fahren wollte, um sich zu erschießen und in eine Gletscherspalte zu fallen – damit er dort für ewig konserviert bleibe – deutet auf diese Tendenz hin. Er äußerte der Ärztin gegenüber tatsächlich die Vorstellung, daß er im Tode so erhalten bliebe, wie er zu Lebzeiten gewesen sei.

Dieser Patient mit seiner schweren Störung im Bereiche des Selbstwerterlebens hatte vor, durch seine postsuizidale Konservierung im Eis die Zeitlichkeit für immer zu überwinden. Dabei wäre seine Weiter-»Existenz« ohne jegliche eigene Aktivität möglich geworden. Wäre er, wie er es wohl erwartete, im Eis konserviert worden, hätte er später jene Aufmerksamkeit finden können, die er in der kühlen und tüchtigen Akademikerfamilie des elterlichen Hauses, aber auch infolge der Krankheit der Mutter, nie erfahren konnte. Er hätte damit Gelegenheit gehabt, wenigstens in seinem Nachleben durch »warme« Zuwendung und Beachtung »aufzutauen«. – Wieder war es nicht der Todestrieb, der hinter des Patienten Suizidvorstellung stand, sondern das innere Bestreben, endlich einmal, in veränderten Bedingungen, dann aber für immer, eine Bestätigung zu erfahren.

Selbstmord zur Ehrenrettung

In Japan war es Sitte der Samurai (Krieger, Ritter und bewaffneten Begleitern des Adels), sich zur Ehrenrettung selbst den Tod – durch Bauchaufschlitzen – zu geben (MAUER 1981). Der Kult der Selbstentleibung diente nun aber nicht etwa einem Todestrieb, sondern stellte für den Samurai den Höhepunkt der Selbstbeherrschung im Leben dar. Der Selbstmord zur Ehrenrettung weist deutlich auf das Lebens- und Gesellschaftsbezogene des Suizids hin.

Die Ehrenrettung durch den Selbstmord ist aber nicht etwa nur eine japanische Angelegenheit, sondern sie motiviert auch Menschen des westlichen Kulturkreises zu dieser Tat, wenn sie im geschäftlichen oder sonstigen bürgerlichen Leben, wie sie meinen, zur Schande für die Familie oder sonstige Angehörige geworden sind. Der frühere französische Ministerpräsident PIERRE BÉRÉGOVOY erlebte sich offenbar durch falsche Anschuldigungen nicht nur schwer gekränkt, sondern auch der Schande ausgesetzt, so daß er den Mitmenschen nicht weiter preisgegeben sein wollte und Hand an sich legte. Auch bei ihm war es offensichtlich nicht ein Todestrieb, der das Nichts angestrebt hätte, sondern eine auf die politische und soziale Wirklichkeit bezogene Handlung.

Zwang – ein Produkt des Todestriebes?

In unserer psychiatrischen Sprechstunde werden wir gelegentlich von Menschen aufgesucht, die unter als ich-fremd erlebten Zwangsvorstellungen, -impulsen und -handlungen leiden. Sie kommen oft an die Grenzen des Aushaltbaren.

Eine Ladenangestellte, die es in ihrer Kindheit nie schön hatte, verlor durch einen Großbrand ihre geliebte Meisterin, weil diese noch ihr Kleinkind aus den Flammen geholt und gerettet hat, aber selbst an einer Rauchvergiftung zugrunde ging. Später begann die erwähnte Verkäuferin an der repetitiv und zwanghaft auftretenden Phantasie zu leiden, Brandfackeln in Häuser werfen zu müssen. Die Patientin begab sich, um sich und die Umwelt vor sich zu schützen, freiwillig in eine psychiatrische Klinik. Sie hatte auch die Idee, Säuglinge umbringen zu müssen, wenn sie sie im Kinderwagen sah. Die Tochter der Lehrmeisterin, die von ihrer Mutter gerettet worden war, war inzwischen 20 Jahre alt geworden. Im Erleben der Patientin hatte diese ihr ihre symbolische Mutter genommen. Die Aggressionen konnte sie nicht bewußt wahrnehmen. Wie sich in den beiden erwähnten Zwangsvorstellungen zeigte, müssen indes unbewußt Aggressionen, besonders gegen die Tochter der Lehrmeisterin, aber auch gegen Kinder ganz allgemein, die es schöner hatten als sie in ihrer Kindheit, bestanden haben. Sie mußte immer wieder kontrollieren, ob sie nicht Streichhölzer und Papier in den Händen hatte und zwanghaft Kinderwagen meiden, um, ihrer Absicht nach, nicht Gefahr zu laufen, Feuer zu legen oder kleine Kinder umbringen zu müssen.

Die Patientin befürchtete die Gefährdung von Objekten durch sie selbst, trug aber in Wirklichkeit durch die *über-ich-bedingte magische Abwehr der Aggression* manches dazu bei, sich selbst in ihrem Aktionsradius so einzuschränken, daß ihr Leben zumindest gestört war. Eine Existenz unter dem Einfluß solcher Zwänge kann zwar als eine gesicherte erfahren werden, doch häufig wird sie als so schmerzlich und ich-fremd erlebt, daß das Dasein verdüstert ist. Es ist damit ein autodestruktives Denken und Gebaren verbunden, das zwar nicht offen zur Intention hat, sich umzubringen, sondern vielmehr, sich vor der Aggressivität mittels des Zwangs zu sichern. Dieser schränkt damit jedoch den Lebensbereich in einem solchen Ausmaß ein, daß sich der Zwang nolens volens *autodestruktiv* auswirken muß. Der Zwang kann bis zur masochistischen Quälerei, aber auch bis zum selbstquälerischen Triumph ausarten, indem damit nicht nur dem Betroffenen selbst, sondern auch aller Welt einerseits die vermeintliche eigene Verwerflichkeit, andererseits die Selbstbestrafung demonstriert werden soll.

Das erwähnte Beispiel läßt deutlich werden, wie sehr ein Zwang zur lebensbeengenden Selbstquälerei werden kann. Man muß sich dabei schon fragen, inwiefern solche Zwangshandlungen nicht einem Destruktions- und Todestrieb entsprechen. Befassen wir uns aber intensiv mit diesen Kranken, so merken wir, daß hinter diesem Zwang Lebensregungen stecken, die die Patienten entweder aus äußeren Gründen nie zu verwirklichen vermochten oder wegen eines harten, fordernden Gewissens, eines urtümlichen, unintegrierten Über-Ich sich nicht zu leben gestatten konnten. Alles in ihnen drängt nach Trieb- und Lebensverwirklichung, nicht etwa nur im sexuellen, sondern auch in anderen Bereichen. Doch sie ängstigen sich unter der Einwirkung ihres archaischen Über-Ich davor und setzen sich mit Hilfe ihres Zwangssystems in Schranken.

Normen und Anomie

Wenn wir in der gegenwärtigen Gesellschaft immer mehr Regulierungen und computergesteuerten Normen ausgesetzt sind und wir beispielsweise an die Gesetzesflut denken, mit der ein als frei erlebtes Dasein auch in Demokratien kaum mehr möglich ist, so erkennen wir, daß ein Normensystem ein weitverbreitetes Mittel ist, das Leben in Schranken zu halten. Der Zwang der offiziellen und inoffiziellen Gesetze und Regeln entfremdet die Menschen sich selbst und dem Leben als solchem.

Die menschliche Existenz wird von außen her mehr und mehr normiert, so daß Abweichende es immer schwerer haben, ein befriedigendes Leben zu führen. Menschen, die nicht in eine Norm hineinpassen und sich in einer Stellung der *Anomie* (DURKHEIM 1893) befinden, haben es in der Gegenwart schwerer so zu leben, wie es ihnen paßt als noch vor einigen Jahrzehnten, als Originale geachtet und beliebt waren.

Immer wird davon gesprochen, daß die modernen Sozietäten pluralistische seien, es wird dabei aber vergessen, daß allein schon die Massenmedien und die standardisierten Datenverarbeitungsmaschinen ein Diktat der Normen bedingen, wie das noch vor wenigen Jahren kaum vorstellbar gewesen ist. Zwar sind damit die Kommunikationsmöglichkeiten zwischen den Menschen in vorher ungeahntem Maß verbessert, und es ist damit ein unermeßlicher Gewinn an Kenntnissen verbunden, doch finden von der Norm Abweichende oft kaum mehr einen Lebensplatz, geschweige denn eine Arbeit. Selbst die Therapien sollten den Normen der Krankenversicherung entsprechen und innerhalb festgesetzter Fristen zu einer Heilung kommen, ansonsten den Patienten droht, keine Krankenkassenleistungen mehr in Anspruch nehmen zu dürfen. Dabei kommen wir in den Gefahrenbereich, in dem die Versicherungsträger darüber entscheiden, wer noch behandelt werden darf oder nicht. Wir sind also wieder – wie in nationalsozialistischen Zeiten – mit der Gefahr konfrontiert, daß die Normenvertreter darüber entscheiden, wer lebenswert ist oder nicht. Es gilt also, so früh als möglich solchen Tendenzen zur restlosen Normorientierung Grenzen zu setzen.

Körpereigene Wirkstoffe gegen den eigenen Leib

Die Immunitätslage des Körpers spielt bekanntlich eine wichtige Rolle bei der Abwehr von bakteriellen und viralen Infekten. Sie ist auch sehr wichtig für die Verhütung oder Entstehung von Karzinomen. So können beispielsweise außerordentlich belastende und das Selbstwertgefühl der Betroffenen beeinträchtigende Situationen einen solchen Distreß (SELYE 1956) mit sich bringen, daß die Abwehr des Körpers beeinträchtigt wird und vorher gehemmte Krebszellen zu wachsen beginnen können.

Auch bei Depressionen ist die Körperabwehr beeinträchtigt. SOLOMON (1981) führt an, daß zur Entstehung einer Krankheit Persönlichkeitsmerkmale, Lebensereignisse (life events), die psychologische Abwehr und die Gefühlslage mit beitragen. Dieser Liste können wir die kognitiven Vorgänge und die körperlichen Abwehrprozesse beifügen. Auch stellt die genetische Prädisposition einen nicht zu vernachlässigenden Faktor dar. Dieser ist wohl besonders bei der »Organwahl« entscheidend.

Nun kennen wir aber auch Prozesse, bei denen die körperliche Abwehr überschießend ist und eigene Organe beziehungsweise Organsysteme angreift. Es sind dies unter anderem die primär chronische Arthritis (rheumatoide Arthritis), die Thyreoiditis, der systemische Lupus erythematodes, die Myasthenia gravis, die Polyarthritis nodosa, die Multiple Sklerose. Für das Entstehen von Autoimmunerkrankungen scheint, wie neuere Befunde ergeben haben, ein Mangel an Suppressor-T-Zellfunktionen verantwortlich, welche die Immunprozesse regulieren. Da es an der Überwachungsfunktion der T-Lymphozyten fehlt, werden nun eigene Körpersubstanzen durch Antikörper angegriffen.

Durch Distreß ist also nicht nur ein Zusammenbrechen der Immunabwehr möglich, sondern auch ein Wegfallen der Hemmfunktionen der erwähnten T-Lymphozyten, die sonst die Immunprozesse auf das Notwendige eindämmen.

Müssen wir nun beim Zusammenbrechen der Immunabwehr oder bei den Autoimmunprozessen einen Todestrieb im Sinne von FREUD (1920) annehmen? Selbst wenn in den Körperzellen im höchsten Alter schließlich ihr Zerfall – auch durch Autoimmunprozesse – vorprogrammiert ist, kann nicht von einem Todestrieb des Menschen gesprochen werden, denn das würde heißen, daß der Mensch aktiv das Ende seines Daseins wünschte und suchte. Das ist aber selbst bei Suizidalen oder Kranken im höchsten Alter nicht der Fall, denn auch dann noch schwebt den Betreffenden ein Nachher, etwa in einer »anderen Welt«, vor Augen.

Selbstaufgabe und Nekrophilie

Die Selbstaufgabe wird nicht nur autodestruktiv gesucht, sondern auch im Liebesglück. Der Mensch ist dann bereit, im anderen aufzugehen. Das Individuum wäre in diesem Moment gar zu sterben bereit. Ja sogar beim Anblick einer schönen Landschaft oder einer entsprechenden Stadt wird an dieses glückselige Sterben gedacht. So hieß es beispielsweise: »Siehe Neapel und stirb«. Die vorgestellte Auflösung des eigenen Ich oder der leib-seelischen Existenz erfolgt dann nicht etwa aus einem Todestrieb heraus, sondern, um diesen Höhepunkt des Liebens und Schauens ewig zu kosten.

Es sind uns indes Menschen bekannt, die nur dann eine Sexuallust erleben, wenn sie geschlagen oder anderweitig gequält werden oder andere zum Leiden bringen. Auch die sogenannten Masochisten und Sadisten wollen nicht die Selbstzerstörung und ebenso nicht die Destruktion eines anderen Menschen, sondern den Höhepunkt eines Liebes- und Lebensgenusses.

Man muß sich allerdings fragen, wie es dazu kommen konnte, daß in der Hitlerzeit Millionen von Menschen von einer Kulturnation industriell vergast oder anderweitig umgebracht werden konnten. Eine Antwort darauf zu finden, ist schwer, da das menschliche Vorstellungsvermögen dazu kaum ausreicht. Es war ja Hitlers ausgesprochenes Ziel, die Juden der Endlösung, also der Vernichtung, zuzuführen. Bei diesem Beispiel denkt man daran, daß SIGMUND FREUD (1920) mit der Annahme seines *Todestriebes* doch recht behalten könnte. Der Herrenmenschenwahn und das Einschätzen anderer menschlicher Leben als nicht lebenswert zeugt von einem ungeheuren *Destruktionspotential*, das auch im modernen Menschen hintergründig vorhanden ist. Selbst dieser Genozid und Massenmord geschah aber noch im Dienst eines – allerdings pervertierten – Lebenstriebes, wobei sich die Mörder daran erfreuen wollten, daß andere gequält und getötet wurden. Diese *Perversion des Lebenstriebes* ist jedem Menschen latent eigen, kam aber in der Nazizeit, angestachelt durch ein gegenseitiges Sichaufladen von Volk und Führer, zur dominanten Geltung. Selbst gebildete Psychologen und Psychiater wie C.G. JUNG (STEIN 1991) waren nicht frei von der Sympathie für Hitler und sein Vernichtungsprogramm. JUNG sah darin offenbar so etwas wie die Inkarnation des germanischen Gottes Wotan.

Wie erwähnt, müssen wir heute wieder, bald 50 Jahre nach der Hitlerzeit, achtgeben, daß nicht vor lauter Normierungstendenzen die Menschen, die nicht den genormten Vorstellungen einer Gesellschaft entsprechen, zum Beispiel Ausländer, den Aggressionen der Mehrheit ausgesetzt sind.

Selbst höchste Bildung macht nicht frei von urtümlichen Aggressionen, die den als fremd Erlebten oder Deklarierten und den von Regeln Abweichenden gelten. Es hat sich in diesem Sinn am Menschen seit archaischen Zeiten nichts geändert. ERICH FROMM (1973) spricht unter anderem im Zusammenhang mit der Aggression von *Nekrophilie*, also dem libidinösen Ausgerichtetsein auf den Tod. Ob es aber berechtigt ist, in diesem Zusammenhang von einem Todestrieb zu sprechen, muß zumindest in Zweifel gezogen werden. Es geht diesen Menschen ja vor allem darum, das Leben in der Konfrontation mit den Toten zu erfahren. Wiederum möchte ich eher von einem pervertierten Lebenstrieb als von einem Todestrieb sprechen, der sich allerdings nur dann erfahren kann, wenn das Objekt entweder dem Tode geweiht oder tot ist. Die Nekrophilie gewisser, in ihrer Persönlichkeit schwer gestörter Menschen, die extrem kommunikationsgeschädigt sind, ist in diesem Sinne Zeugnis des Erfahrenwollens des eigenen Lebens angesichts von Toten.

Therapie

Menschen, die ihren autodestruktiven Tendenzen ausgesetzt sind und sie bewußt oder mehr unbewußt erleben, leiden meist so, daß sie der Behandlung bedürfen. Die Betroffenen sind, wie bereits dargelegt, alle im Bereich des Selbstwerterlebens zutiefst beeinträchtigt. Bei einem Teil von ihnen ist aber auch ihre Ich-Struktur gestört, so daß destruktive Tendenzen nicht beherrscht zu werden vermögen. Unser therapeutisches Vorgehen ist nun aber unterschiedlich, je nachdem, ob die Betroffenen ein starkes oder aber nur ein fragmentationsbereites Ich aufweisen. Besteht der Eindruck, daß eine feste Ich-Struktur vorliegt und die Betreffenden in der Lage sind, mit einem Therapeuten zusammenzuarbeiten, so werden wir eine psychoanalytisch orientierte Psychotherapie mit ihnen durchführen. Reicht die Zeit dafür nicht aus und/oder ist die neurotische Problematik fokal abgrenzbar, so kommt eine Kurzanalyse in Betracht. Oder die Therapie kann im Rahmen einer Gruppenanalyse, eventuell auch, zumindest zu einem Teil, in einer Paar- oder Familientherapie durchgeführt werden.

Besteht hingegen die bereits erwähnte Ich-Pathologie, so werden wir auf der einen Seite den Betroffenen immer wieder aufweisen müssen, was in der sozialen Realität, ohne Mitmenschen zu schädigen, gelebt werden kann, und auf der anderen Seite ihnen nahebringen, was in irgendeiner Weise, die noch zu finden wäre, sublimiert werden muß. Wir werden diesen Menschen auch kognitiv die Maße der Realität beizubringen haben und ihnen helfen wollen, ihre Existenz zu strukturieren, sich Grenzen zu setzen. Diese in ihrer Ich-Struktur Beeinträchtigten müssen aber den berechtigten Eindruck gewinnen können, daß der Therapeut sie unzerstörbar begleitet. Ich kann jedoch nicht sagen, daß die Behandlungen eines solchen Menschen stets völlig gefahrenfrei wären. Diese Individuen, die alle auch schwer narzißtisch beeinträchtigt sind, erleben den Therapeuten, wenn sie ihn als übereinstimmend mit ihnen erfahren, als gutes Objekt. Sobald sie aber bemerken, daß der Therapeut nicht immer mit ihnen einverstanden ist und auch eigene gedankliche Wege geht, so kann er für sie zum bösen Objekt werden, gegen das sie unter Umständen gefährlich werden können (MELANIE KLEIN 1946). Natürlich möchte ein solcher Mensch auch dann noch im Therapeuten ein unzerstörbares Objekt erfahren, doch kann in der Regel ein Arzt oder Psychologe bei diesen Individuen in einem solchen Moment seine therapeutische Bemühungen nicht mehr durchhalten, wenn er sich nicht in seinem Leben gefährden will.

Die Menschen, die wegen emotionaler Mangelerfahrungen in der Kindheit kein konsistentes Selbst zu entwickeln vermochten, aber ein starkes Ich aufweisen, bedürfen, wie erwähnt, der analytisch orientierten Behandlung oder der Kurzanalyse. Die Therapie wird gegenüber dem üblichen Vorgehen eine Modifikation erfahren müssen im Hinblick darauf, daß diese Menschen, besonders zu Beginn einer Behandlung, eine bedingungslose Zuwendung erfahren müssen, die sie vom Engagement des Therapeuten überzeugt. Sie suchen oft wie das

Kind, wenn es sich in den Augen der Mutter spiegelt, ein »mirroring« im Therapeuten oder in der Therapeutin, und erleben etwa die kleinste Unaufmerksamkeit des Arztes oder Psychologen bereits als eine kränkende Unachtsamkeit. Es ist also auch bei diesen Individuen nicht leicht, den therapeutischen Kontakt stets komplikationslos aufrechtzuerhalten. Sie neigen dazu, den Therapeuten zwar zuerst zu idealisieren, doch in der Folge von ihm enttäuscht zu sein. Es ist also günstig, wenn der Behandelnde bereits über einige Jahre der beruflichen Erfahrung und damit über erfolgreich abgeschlossene Behandlungen verfügt, wenn er diese Patienten behandelt, die in irgendeiner Weise autodestruktive Gedanken pflegen oder aber sogar entsprechende Akte vollziehen, ohne eigentlich damit das Leben beenden zu wollen.

Der Therapeut hat beiden Arten von Patienten zu zeigen, daß hinter dem Autodestruktiven auch Positives steckt, nämlich der Wunsch, am Leben und vor allem an der mitmenschlichen Aufmerksamkeit und Liebe teilzuhaben. Sogar in der Selbstvernichtung erwarten die Betroffenen noch erlebbare posthume Zuwendung und liebendes Gedenken. Gelingt es uns, diese Menschen am Leben zu erhalten, so werden wir sie instand setzen wollen, aus den autodestruktiven Tendenzen positive, kreative Kräfte zu gestalten, die es ihnen gestatten, sich in einem mitmenschlichen Rahmen zu achten und zu verwirklichen.

Abschließende Bemerkungen

Obschon sich der Mensch meist nichts sehnlicher wünscht, als am Leben teilzuhaben, kann er sich etwa erst in der Grenzsituation der extremen Lebensgefährdung oder gar angesichts des Todes des Lebens erfreuen. Gelegentlich mag der Wunsch mitspielen, die eigene Begrenzung zu überwinden und Teil des Alls oder Allmächtigen zu werden. Selbst wenn ein Suizid vollzogen wird, ist es, wie hinterlassene Briefe oder Bücher zeigen, nicht ein Todestrieb, wie er von FREUD (1920) postuliert wurde, der diese Menschen bewegte, sondern die Verzweiflung am Leben und der unbewußte Wunsch, in ein besseres Jenseits zu gelangen, in dem noch eine Kommunikation mit der sozialen Umwelt, ein Da-Sein gegeben wäre. Meist sind es in ihrem Selbst, ihrem Narzißmus Geschädigte oder Gekränkte, die kompensatorisch dieses Freiheitsgefühl im Abstreifen der üblichen Lebenskoordinaten erstreben.

Im Zwang und durch ein Normensystem kann das Leben derart beengt werden, daß man sich fragen könnte, ob nicht ein Todestrieb dahinter steckt. Doch auch hierbei geht es nicht darum, den absoluten Stillstand des Lebens zu erzielen, sondern eine Ordnung, die den Betroffenen in ihrer Verängstigung das Leben erleichtern sollte. Die Regulierungen gehen aber oft zu weit, so daß dadurch das Leben in Frage gestellt sein kann. Diese Gegebenheit kann sich auch körperlich zeigen. Autoimmunprozesse im menschlichen Körper können Krankheit erzeugen und die Existenz gefährden. Aber auch dabei läßt sich erkennen, daß diese Vorgänge nur überschießende Abwehrvorgänge sind, die eigentlich das Leben zu bewahren helfen sollten.

Der Lebenstrieb kann indes pervertieren. Die Nazigreuel haben es millionenfach bewiesen, daß gewisse Menschen erst beim Quälen anderer oder gar bei deren Ermordung sich in einer Größenvorstellung am Leben erfreuen können. Im kleinen Rahmen der Therapie und im großen Rahmen der Politik werden wir in unablässigem Bemühen darauf hinzuweisen haben, daß der Mensch nicht nur eine positive Beziehung zur Existenz haben kann, sondern unter Umständen eine selbst- oder fremdzerstörerische, die zwar auch davon zeugt, daß er das Leben erfahren möchte, jedoch erst angesichts des Leidens oder des Todes anderer. Sind wir uns solcher möglichen Entwicklungen bewußt, besteht die Chance, daß wir individuelle und kollektive Entwicklungen zur Vernichtigung und Vernichtung des Menschen, zur Nekrophilie in diesem Sinne, im Keime erkennen und korrigierend eingreifen können.

Suizidalität – psychodynamische und diagnostische Aspekte

JÜRGEN KIND

Möglichkeiten und Grenzen der übertragungs-/gegenübertragungsgestützten Diagnostik bei suizidalen Entwicklungen

Häufig begegnet man der Vorstellung, daß Suizidalität mit Psychotherapie wenig zu tun habe. Selbst in modernen Lehrbüchern zur Psychotherapie vermißt man meist eingehendere Abschnitte zum psychotherapeutischen Umgang mit Suizidalität. Und wenn es sie gibt, wird man in der Regel den Gedanken vermissen, daß Suizidalität ein *Beziehungsgeschehen* sein oder werden kann, an dem *beide* Partner der therapeutischen Beziehung beteiligt sind und involviert werden. Die therapeutischen Ratschläge gehen meist von der klassischen Rollenaufteilung in ein hilfloses Objekt dort und ein über entsprechende Hilfsmittel verfügendes Subjekt hier aus. In einem kürzlich erschienenen größeren Lehrbuch der Psychotherapie findet sich kein Abschnitt, der sich explizit dem Problem der Suizidalität widmen würde. Wir müssen ins Stichwortverzeichnis schauen, um diesen Begriff zu entdecken und finden dann eine 2seitige Abhandlung zum Thema »Psychosoziale Krisen«. Dort wird dem Therapeuten empfohlen, die Todeswünsche des Patienten wertfrei anzunehmen und die Person des Patienten uneingeschränkt zu akzeptieren, Hoffnung zu vermitteln, daß die Krise ein Ende haben wird und so lange Unterstützung gewährt wird, unmittelbare fürsorgliche Unterstützung zu vermitteln und nach allen verfügbaren Stützen und Helfern Ausschau zu halten und weitere Maßnahmen mehr.

In dieser Vorstellung von Therapie wird das Bild eines Menschen gezeichnet, der über nichts mehr verfügt als über Schwäche und der von irgendeiner Art Tod bedroht ist, der keine Knochen mehr hat und der durch seine Suizidalität nichts anderes ausdrücken will, als daß er bald sterben wird.

Es ist die Aufteilung in einen Menschen, der alle konstruktiven Kräfte verloren hat, und in einen anderen, der über all diese Kräfte verfügt und sie mobilisieren wird.

Vermittlung von Hilfe und explizite Akzeptanz ist natürlich richtig und wichtig. Besonders in einer Gesellschaft, in der die Tabuisierung, manchmal vielleicht auch Ächtung von Suizidalität eine nicht geringe Rolle spielt, ist die Akzeptanz von Suizidalität eine der entscheidensten Grundvoraussetzungen, um überhaupt Kontakt zum suizidalen Menschen herzustellen. Nur geht es dann, wenn wir uns in der oben beschriebenen Weise verhalten, natürlich noch weiter. Und in aller Regel drängt uns die Dynamik dann in eine *Beziehung* zum Patienten. Und um die Akzeptanz, nicht mehr nur des Patienten, sondern dieser Beziehung, geht es dann in einem zweiten Schritt.

Die geringe Gewichtung des Themas Suizidalität in psychotherapeutischen Lehrbüchern ist auffällig, weil Suizidalität, zumindest als Durchgangsphase und als latente Suizidalität nach meiner Erfahrung und nach dem, was ich von Kolleginnen und Kollegen gehört habe, in sehr vielen psychotherapeutischen Behandlungen eine Rolle spielt.

Suizidale Entwicklungen, ob sie innerhalb einer Kurztherapie, einer Wochen oder Monate andauernden stationären Psychotherapie oder einer ambulanten Langzeittherapie auftreten, sorgen für eine besondere *Intensivierung der Therapeut-Patient-Beziehung*. Und gerade an dieser Stelle – und das ist das Paradoxe – sind wir von der therapeutischen Seite her geneigt, aus der Beziehung auszusteigen. Das kann sich in dem eben beschriebenen Therapiekonzept der von außen an den Patienten herangetragenen Stützen zeigen oder darin, daß man nach einem Suizid in den Klinikkonferenzen fragt, ob bei dem Patienten nicht doch endogen-psychotische oder endogen-depressive Faktoren eine größere Rolle gespielt haben, als man dachte oder darin, daß man meint, der Patient habe doch ein Recht darauf, sich umzubringen. Dies stehe doch jedem frei.

Die Tendenz, solche Ausstiegsbewegungen zu initiieren, gilt nach meiner Erfahrung für kein Symptom so sehr wie für das, das die *stärksten Bindungen* schaffen könnte und möchte, eben für Suizidalität. In der Phase einer Behandlung nun, in der der therapeutische Prozeß zu einer besonderen Intensivierung und Verstrickung der Beziehung drängt, in einer Situation, in der das Übertragungs-Gegenübertragungsgeschehen sich in kritischer Weise verdichtet, stehen wir als Therapeuten offenbar in der Gefahr, selber aus dem Beziehungsprozeß auszusteigen.

Warum ist das so, um welche Gefahren geht es? Wir wissen, daß auf dem Weg der *projektiven Identifikation* Selbst- und Objektaspekte einer Person, dem Sender, in eine andere Person, den Empfänger, verlagert werden können; vielleicht sollte man besser sagen, daß im Empfänger vergleichbare, *eigene* Aspekte *aktiviert* werden können. (Wir kommen dann weg von der wenig fruchtbaren Sicht:»Der Patient hat das und das mit mir gemacht«). Wenn wir als Therapeuten offen für solche Induktionen sind, müssen wir aber mit der Mobilisierung eigener Destruktivität, möglicherweise eigener Suizidalität rechnen. Das allein kann schon Grund genug für ein Ausklinken aus dem Übertragungs-Gegenübertragungsgeschehen sein. Wenn wir als Therapeuten nach einem Suizid eines Patienten in Schuldgefühlen und Selbstvorwürfen verharren und wenn sich dies bis zu der Überzeugung auswachsen würde, nicht für unseren Beruf geeignet zu sein, ginge das vielleicht schon in die Richtung von aktivierter eigener Destruktivität und Suizidalität.

Im allgemeinen sind wir ja geneigt, in der projektiven Identifikation einen sozusagen auf uns zukommenden Prozeß zu sehen, einen Prozeß, der vom Patienten initiiert wird und dem wir dann als Empfänger der schlimmen Inhalte ausgeliefert sind. Aber auch der umgekehrte Vorgang kommt natürlich vor, wenngleich er auch wenig beschrieben wird. (Patienten publizieren eben nicht). Wenn wir nun also auch die Gegenübertragungsseite hinzunehmen, kommen wir zu der Frage, ob nicht auch unsere eigene, bisher schlummernde, durch den gegenwärtigen therapeutischen Prozeß zum Leben erweckte Destruktivität sich in Umkehrung eines projektiv-identifikatorischen Vorgangs von uns in den Patienten verlagert. Beides ist schwer auszuhalten, das erstere für uns, das zweite für den Patienten.

Befassen wir uns zunächst mit den Möglichkeiten, die uns die Wahrnehmung der Übertragungs- und Gegenübertragungsprozesse zur Diagnostik suizidaler Entwicklungen bietet, und stellen Sie sich bitte einmal folgenden Fall vor:

Sie arbeiten in einem psychotherapeutischen Krankenhaus und Sie haben mit einem Ihrer Patienten gerade einen sogenannten »Termin«. Es ist eine Patientin, die wegen häufiger Selbstbeschädigungen (z.B.

Ritzen an den Unterarmen) und mehrerer Suizidversuche in die Klinik kommt und hier pendelt sich bald das folgende Verhalten ein: Regelmäßig, bevor Sie Ihren Dienst abends beenden wollen, kommt die Patientin zu Ihnen und teilt Ihnen mit, daß sie sich sehr gefährdet fühle und nicht sagen könne, ob sie sich etwas antun müsse oder nicht. Sie sage dies jetzt, weil sie einen Suizidpakt habe. Sie macht aber auch deutlich, daß sie Medikamente ablehnt und eine Verlegung in eine geschlossene Einrichtung ebenfalls. Bei diesem besagten Termin nun läßt sie Sie wissen, daß sie eine erhebliche Menge an Tabletten gesammelt habe und nicht garantieren könne, sie nicht zu nehmen. Sie bitten die Patientin, Ihnen die Tabletten zu geben. Sie lehnt ab: »Das würde auch nichts ändern. Ob Tabletten oder nicht, man kann es auch anders machen«. Sie bestehen darauf, mit der Patientin zusammen in deren Zimmer zu gehen und bitten sie nochmals, Ihnen die Tabletten auszuhändigen. Dort stellt sich die Patientin vor Sie und schaut Ihnen lange und schweigend ins Gesicht und geht dann wortlos an Ihnen vorüber und verläßt das Zimmer.

Wenn Sie jetzt einmal in sich hineinhorchen, werden Sie wahrscheinlich bemerken, daß in Ihnen eine ganze Reihe von Gefühlen aufgetaucht sind; unter anderem Ohnmacht, Wut und Hilflosigkeit und wenn Sie noch eine Weile weiter warten und bedenken, daß die Patientin schon seit Wochen so mit Ihnen umgeht, werden Sie wahrscheinlich auch Haß spüren. Was Sie als Therapeut auch machen, die Patientin hat Sie sozusagen in der Hand. Und diese Ohnmacht, dieses Ausgeliefertsein, erzeugt eben Wut und Haß und die Tendenz, die Patientin abschieben zu wollen und sich aus der Situation zu befreien.

Nun kann man sich fragen, warum ein Patient das »macht«. Warum erzeugt er in demjenigen, der ihm doch helfen will, seinerseits Hilflosigkeit, Ohnmacht, Angst und anderes mehr. Manche Therapeuten meinen, sie hätten etwas falsch gemacht, wenn einer ihrer Patienten suizidal wird, und bekommen Schuldgefühle oder meinen, sie seien der Behandlung nicht gewachsen.

Als ich als junger Klinikassistent in die Klinik Tiefenbrunn kam, war es vor allem Angst, die mich dazu brachte, mich mehr mit der Suizidalität auseinanderzusetzen, die Angst, daß einer meiner Patienten oder Patientinnen sich umbringen könnte. Ich kam gerade aus der Neurologie und dort hatte es natürlich auch Todesfälle gegeben. Aber diese Todesfälle waren anderer Art. Stets war es etwas Externes, etwas Drittes, das den Patienten bedrohte. Gegen dieses Dritte konnte man sich mit dem Patienten verbünden. Man hatte den Patienten sozusagen auf seiner Seite. Es war nicht der Patient selbst, der sich bedrohte, es war seine Krankheit. In der Medizin fällt es daher meist nicht schwer, mit dem Patienten ein Behandlungsbündnis zu schließen. Was Suizidalität angeht, machen wir jedoch in der Regel eine andere Erfahrung. Der Patient läßt sie sich nicht ohne weiteres nehmen. Er scheint sie zu *benötigen*, obwohl sie ihn bedroht. Er scheint einen Zustand zu benötigen, in dem er selbst gefährdet ist.

Meine Motive, mich mit Suizidalität zu beschäftigen, kamen aus meiner eigenen Angst und aus dem eigennützigen Grund, mit dieser Angst besser fertig werden zu wollen. Damals war ich noch der Meinung: je mehr ich über Suizidalität weiß, um so weniger Angst müßte ich haben, um so weniger würden mich auf dem abendlichen Heimweg von der Klinik Gedanken an diesen oder jenen gefährdeten Patienten quälen oder am Wochenende wieder einholen.

Um es vorwegzunehmen: dieses Ziel erreichte ich nicht. Die Angst, die Sorge, in manchen Fällen das Gequältsein, die Schuldgefühle, Ohnmacht und Haß und was wir sonst noch alles an Gegenübertragungsgefühlen und Reaktionen in uns ausmachen können, blieben. Insofern hatte meine Beschäftigung mit suizidalen Patienten ihr Ziel verfehlt. Aber dennoch änderte sich etwas. Wenn auch nicht die Angst und die übrigen Gegenübertragungsgefühle, so doch die Einstellung dazu. Mir wurde deutlich, daß all diese Gefühle und Affekte nichts zu Beseitigendes darstellten, was man in sich tilgen müsse, um sich dann, sozusagen innerlich freier geworden, dem Patienten wie gewohnt in therapeutisch wohlgesonnener und ausgewogener Weise wieder zuwenden zu können, sondern daß das Gegenteil der Fall war. Das Gefühl des Ohnmächtigseins oder das Gefühl, nichts mehr für den Patienten tun zu können und ihn aufgeben zu müssen, stellte sich als wichtiges Informationsmaterial heraus, dem im Innenraum des Therapeuten Platz gegeben werden mußte. Aus dem ursprünglichen Ziel, die Angst und andere Gefühle zu verlieren, wurde das Ziel, dieses in einem selbst liegende psychische »Produktionsfeld« als Informationsquelle über die intrapsychischen Konflikte des Patienten und über die Art der Beziehung zwischen Patient und Therapeut zu nutzen.

Es geht also um eine *Instrumentalisierung der Gegenübertragung*, wie PAULA HEIMANN (1950) es ausdrückte. Auf diese Weise merken wir, daß der Patient uns für die Inszenierung einer bestimmten Beziehung nutzen will. Der Patient »richtet«, wenn wir so wollen, seine Suizidalität auf uns und setzt dadurch in uns etwas in Gang. In dem vorgenannten Fallbeispiel waren es die Gefühle von Ohnmacht und Auslieferung, Wut und Zorn. Wir haben das Gefühl, der Patient hat uns in der Hand. Ich habe diese sehr häufige Konstellation suizidaler Entwicklungen deshalb an anderer Stelle auch als *Konstellation des manipulierten Objekts* bezeichnet (KIND 1986, 1992). Aus unserer Gegenübertragung können wir schließen, daß in dem Patienten selber Gefühle von Ohnmacht und Auslieferung herrschen, sowie die Angst, das Objekt zu verlieren und daß er es deswegen unter Kontrolle bringen muß.

Bei anderen Patienten haben wir unter Umständen das Gefühl, vom Patienten verlassen zu werden. Es sind Patienten, die »scheinbar« nichts mehr von uns wollen, nichts mehr fordern, die einfach nur zu gehen scheinen. Diese *Konstellation des aufgegebenen Objekts*, wie man sie bezeichnen kann, ist sozusagen der Gegenpol zum manipulierten Objekt. Der Patient hat seine Objektbesetzungen zurückgezogen. In unserer Gegenübertragung spüren wir jetzt selbst einen Objektverlust und nehmen damit in uns etwas wahr, was der Patient meist schon seit langem von sich kennt.

Wenn dann in uns der Impuls »Halten zu wollen« entsteht, kommt etwas Neues hinzu, und zwar eine Initiative, zu der der Patient von sich aus nicht mehr in der Lage war. In einem solchen Fall hat dann der Übertragungs-Gegenübertragungsprozeß sein Ziel erreicht.

Ziel von Suizidalität ist, wie ich meine, eine bestimmte Beziehung herzustellen, eine Beziehung, die ich als *suizidale Objektbeziehung* bezeichnen will, wobei die Betonung auf *Objektbeziehung* liegt. Ich will mit diesem Begriff der eingangs geschilderten Vorstellung entgegenwirken, Suizidalität als Ein-Personen-Geschehen aufzufassen. In diesen suizidalen Objektbeziehungen geht es unter anderem um

– Ohnmacht und Auslieferung, Wut und Haß
– um Verlassenwerden und Objektverlust

– oder – bei Suizidalität oft sehr wichtig – um die Erzeugung von Reue beim sogenannten »signifikanten Anderen«.

Der Patient versucht es auf verschiedene Weise, setzt verschiedene Mittel ein, unternimmt diesen Versuch und jenen und erst, wenn all diese Versuche nicht zu dem Ziel geführt haben, die spezifische Beziehung herzustellen, kann, sozusagen als ultima ratio, Suizidalität entstehen.

Der Patient projiziert beispielsweise die Repräsentanz einer kontrollierenden, einengenden, von ihm Unterwerfung und Auslieferung fordernden Elterninstanz auf uns. Durch sein Verhalten sorgt er dafür, daß wir uns in unserem Verhalten nach und nach immer mehr diesem projizierten Bild annähern. Das macht er zum Beispiel dadurch, daß er in der stationären Psychotherapie die Regeln der Hausordnung übertritt, zu den Terminen zu spät oder gar nicht kommt, das Essen mit auf sein Zimmer nimmt, abends zu spät vom Gruppenurlaub zurück kommt, sich nicht abmeldet, Rasierklingen kauft, diese auf seinem Tisch herumliegen läßt, Suizidäußerungen über Mitpatienten an uns heranträgt und uns auf diese Weise dazu bringt, ihn einzuschränken und zu überwachen. Jetzt sind wir tatsächlich zu denjenigen geworden, die dem projizierten Bild entsprechen. In unserer Gegenübertragung nehmen wir wahr, daß in uns eine projizierte Objektrepräsentanz des Patienten aktiviert worden ist. Auf diese Weise sind wir sozusagen zu einem ausgelagerten psychischen Teil des Patienten geworden.

Patienten, die zu suizidalen Objektbeziehungen neigen, verfügen ja oft über wenig Kapazitäten zur Entwicklung *intra*psychischer Konflikte. Ihre innere Objektwelt und ihre Abwehrorganisation ist noch wenig differenziert, so daß diese Patienten auf externe Konfliktpartner angewiesen sind. Und um welchen Selbst- oder Objektaspekt es sich handelt, spüren wir an unserer Gegenübertragung. Es nimmt daher nicht Wunder, daß wir in unserer Gegenübertragung auch all diejenigen Ohnmachts- und Auslieferungszustände wahrnehmen, und die diese Zustände begleitenden Affekte von Wut, Zorn und Haß, Schuldgefühle und Angst, die der Patient selbst in sich nur allzu gut kennt.

Die Vorstellung, daß alle Destruktivität im Patienten lokalisiert sei, weil er ja suizidal ist, und daß alle konstruktiven Kräfte im Therapeuten versammelt seien, weil er ja helfen und die

Suizidalität bekämpfen will, ist zwar beruhigend, aber es steckt in ihr auch eine Abwehr gegen unsere eigenen destruktiven Impulse. Wenn wir also von der klassischen Rollenaufteilung in einen helfenden Therapeuten hier und einem zu helfenden Patienten dort abrücken wollen, müssen wir mit der *Aktivierung eigener destruktiver Tendenzen* in uns selbst rechnen. In diesem Zusammenhang geht es um die Grenzen unserer Diagnostik. Ich will sie in zwei Bereiche gliedern: therapeuten-bedingte und patienten-bedingte Grenzen.

Therapeuten-bedingte Grenzen der Diagnostik

Von FREUD stammt die Formulierung: »Kein Neurotiker verspürt Selbstmordabsichten, der solche nicht von einem Mordimpuls gegen andere auf sich zurückwendet« (1916, S. 438). Von FEDERN stammt der umgekehrte Satz. »Daß – (in der Regel) – nur der sich mordet, den ein anderer tot wünscht« (1928/29, S. 388).

Es wäre verlockend, diese beiden in bezug auf die Lokalisation des Todeswunsches entgegengesetzten Thesen weiter zu untersuchen, und man würde hinsichtlich der therapeutischen Handhabung zu sehr interessanten Unterschieden kommen. Ich will hier aber das Gemeinsame dieser beiden Theorien herausstellen. Das Gemeinsame besteht darin, daß ein Todeswunsch besteht beziehungsweise, wie es bei FREUD heißt, ein Mordimpuls. Wenn nun solche destruktiven Impulse auch im Therapeuten aktiviert werden, kann es für ihn mit der Wahrnehmung seiner Gegenübertragung schwierig werden. Sein mit der Helferrolle identifiziertes Über-Ich kann ihm verbieten, solche Gefühle oder Tendenzen in sich zu haben. Man nimmt dies natürlich nicht explizit als Verbot wahr. Die Sache ist komplizierter, denn das, was wir in uns nicht wahrnehmen, hat freie Hand und kann, ohne daß wir es von unserem bewußten Ich her kontrollieren können, tun und lassen was es will. Und daraus entsteht dann unter Umständen eine ungünstige Situation, und zwar in zweierlei Hinsicht:

1. Wenn wir uns die Wahrnehmung eigener destruktiver Impulse verbieten, diese also de facto in unserem bewußten Ich nicht vorfinden, blockieren wir uns damit in der Diagnostik

der vom Patienten angestrebten Objektbeziehung, die sich dann, sozusagen unter der Hand, zu einer suizidalen Objektbeziehung fortentwickeln kann.

2. Der zweite Punkt besteht in der Möglichkeit, unsere eigenen destruktiven Impulse auf dem Wege der projektiven Identifikation in den Patienten zu verlagern. Üblicherweise sind wir geneigt, diesen Abwehrmechanismus, der gelegentlich auch als »primitiver« Abwehrmechanismus bezeichnet wird, für den Patienten zu reservieren. Der Patient ist dann der Sender und wir sind die Empfänger. Weniger gern sehen wir den umgekehrten Weg, bei dem wir selbst Sender und der Patient Empfänger eines zu verlagernden Selbst- oder Objektaspekts sind.

RACKER (1978) hat schon relativ früh auf diese Vorgänge aufmerksam gemacht und von einer Verlagerung des sadistischen Objekts des Analytikers in den Analysanden gesprochen. Ein anderer Autor (ANDRIOLA 1973) spricht von der Möglichkeit eines »iatrogenen Suizids« (»Encouraging patients to kill themself«). Von REIMER (1982) stammt das Beispiel eines Chirurgen, der, nachdem er seinen Patienten versorgt hatte, ihm sagt: »Ich weiß am Hafen ein Geschäft, wo Sie sich einen guten Strick kaufen können«.

Oder: »Now you can go out und do it again«, heißt es in einem von TABACHNICK (1961) mitgeteilten Beispiel. Ich denke, daß sich in diesen Sätzen etwas ungemein Interessantes verbirgt, und meine, daß es sich dabei nicht um Raritäten handelt, sondern um etwas Ubiquitäres, um eine allgemeine Tendenz, die wir, wenn wir genau hinschauen, auch in uns finden können. Es ist die Tendenz, daß der Patient sich umbringen möge. Vielleicht eine zunächst provokante These.

Erinnern wir uns aber nun an die These von PAUL FEDERN, der sagte, »daß – (in der Regel) – nur der sich mordet, den ein anderer tot wünscht«, dann fällt es nicht schwer, diese Tendenz, wenn wir sie denn in uns ausmachen können, zu verstehen: Es handelt sich um die Identifikation mit einem sadistischen, todwünschenden Über-Ich-Anteil des Patienten. Der Patient wiederum hat es bei sich mit einer Aktivierung dieses Über-Ich-Anteils zu tun und reagiert darauf mit Suizidalität. Bei FREUD heißt es in »Das Ich und das Es« (1923): »Leben ist also für das Ich gleichbedeutend mit Geliebtwerden, vom Über-Ich geliebt werden ... Das Über-Ich vertritt dieselbe schützende und rettende Funktion wie früher der Vater, später das Schicksal oder die Vorsehung« (S. 288).

Gelingt dem Patienten nun, diesen gefährlichen Über-Ich-Anteil in uns, in seinem Therapeuten, zu aktivieren, so ist möglicherweise ein erster Schritt zur Entschärfung getan. Es muß allerdings ein zweiter hinzukommen, und zwar der, daß wir in uns diese Identifikation erkennen, um sie nicht zu agieren. Es ist also auch hier so, wie in anderen Therapien: Die Grenze liegt in der Wahrnehmung unserer Gegenübertragung.

Patienten-bedingte Grenzen der Diagnostik

Sie kennen wahrscheinlich das Phänomen, daß bei manchen Patienten von ihrer Suizidalität nach einiger Zeit nichts mehr zu spüren ist. Noch vor wenigen Tagen oder Wochen war es so, daß man auf der Station immer wieder Aufregungen hatte, besorgt um den Patienten war, Angst hatte, daß er von einem Wochenendurlaub nicht zurückkehren würde usw. Und dann entspannt sich die Situation. Die interaktionellen Manöver des Patienten werden ruhiger. Er selbst wird gelassener, berichtet unter Umständen zuversichtlich von seiner Therapie und von seiner weiteren Lebensplanung nach der Entlassung. Das Personal auf der Station ist erleichtert, atmet auf, endlich einmal eine Ruhepause. Sie fühlen sich nicht mehr von ihm in die Enge getrieben, wie vielleicht noch vor Wochen, nicht mehr mit ihm verstrickt, fühlen sich nicht ohnmächtig oder hilflos. Sie haben auch nicht, wie bei anderen Patienten das Gefühl, nichts mehr tun zu können, weil der Patient Ihnen entgleitet und Sie einfach stehen läßt. Vielmehr scheint der Patient »über den Berg«.

Und dann erfahren Sie am folgenden Montag morgen, wenn Sie in die Klinik kommen und auf Ihre Station gehen, daß der Patient sich am Wochenende umgebracht hat. Es ist wie ein plötzlicher Schlag, den wir durch einen Suizid erfahren. Wir können dazu natürlich aus theoretischer Sicht verschiedenes sagen:

– wir können sagen, daß das Ich des Patienten den Suizidimpuls angenommen hat, er nicht mehr ich-dyston war, daß auf diese Weise die Ambivalenz aufgehört hat und dadurch die Ruhe und Gelassenheit des Patienten zu verstehen sei.

– wir können auch sagen, daß der Patient seine Objektbesetzungen aufgegeben und sein Selbst kompensatorisch überbesetzt hat und daß dadurch die Ruhe und Gelassenheit, manchmal die sub-euphorische Grundstimmung des Patienten zu verstehen sei, eine Stimmung, die eine Patientin einmal so ausdrückte, daß ihr in einem solchen Zustand alle Menschen klein und armselig vorkamen, Menschen, die ihren banalen Beschäftigungen nachgingen, und daß sie sich selbst einsam aber unabhängig vorkam in dem Gefühl, daß niemand sie und sie niemanden benötigte.

Wir können uns das alles sagen und dennoch wissen wir nicht, warum der Patient sich tarnen mußte, um sich umbringen zu können.

Die Frage, warum manche Patienten diese Tarnkappe benötigen, um sich, darunter versteckt, umzubringen, gehört wohl mit zu den schwierigsten Fragen in der Suizidologie. Vielleicht ist es ein Test für uns. Vielleicht ist unsere gängige Formel, die wir für solche Entwicklungen parat haben, nämlich: »Das Ich des Patienten hat den Suizidimpuls angenommen. Der Patient ist nun von seiner gesamten Persönlichkeit her bereit und entschlossen, sich umzubringen« auch nur wieder eine Hilfs- und Abwehrkonstruktion unsererseits, um uns nicht der Möglichkeit auszusetzen, daß der Patient auf diese Weise vielleicht seine basale, lebensentscheidende Frage stellt: *ob ihn jemand, auch wenn er sich verkleidet, erkennt.* In der klinischen Psychotherapie begegnen uns nicht selten Entwicklungen, in denen Kinder lernen mußten, sich zu verkleiden, weil sie merkten, daß nur die Fassade akzeptiert wurde und die dann ihr Leben lang fürchten (und hoffen), daß auch die andere Seite gesehen wird.

Es ist also fraglich, ob diese »patienten-bedingten Grenzen der übertragungs-gegenübertragungsgestützten Diagnostik suizidaler Entwicklungen« wirklich in dieser Reinheit als »patienten-bedingt« bezeichnet werden können. Aber ich will die theoretischen Überlegungen und Erwägungen hier nicht weiter fortführen, sondern noch einmal zu der Stelle zurückkehren, wo wir an einem solchen Montag morgen in die Klinik fahren und dann hören, daß dieser Patient, der über den Berg zu sein schien, sich umgebracht hat. Jetzt geht es nicht mehr um die Diagnostik suizidaler Entwicklungen und um den Umgang mit suizidalen Patienten, sondern um den Umgang mit einem durch Suizid verstorbenen Menschen. Und hier ist, glaube ich, eines besonders schwer: Hinter all den Überlegungen, wie es dazu kommen konnte, hinter den Ängsten vor juristischen Konsequenzen, hinter diagnostischen Überlegungen, hinter der Angst des diensthabenden Personals vor Schuldzuweisungen, hinter der Erleichterung derjenigen, die gerade keinen Dienst hatten, hinter all diesen Dingen kann eines leicht zu kurz kommen, nämlich die Trauer um diesen Patienten, ein Gefühl, das Menschen, die durch Suizid verstorben sind, nach meiner Erfahrung, sehr selten zuteil wird. Ich meine, daß es wichtig ist, dieses Gefühl in uns zur Entwicklung kommen zu lassen, einmal, um dem Patienten gerechter zu werden, zum anderen, um den Angehörigen zu helfen. Denn diese sind es, denen oft die Entwicklung dieses Gefühls noch schwerer fällt und die dann statt dessen manchmal jahrelang Schuldgefühle haben.

MARTIN TEISING

Psychodynamisches Verständnis der Suizidalität älterer Menschen

Statistische und sozialpsychologische Befunde

Die Suizidraten steigen mit zunehmendem Alter. In fast allen Veröffentlichungen zur Alterssuizidalität, gemeint sind meist Menschen über 60 Jahre, wird von einer multifaktoriellen Genese und einer vielschichtigen Problematik gesprochen. Es werden vor allem sozialpsychologische Bedingungen untersucht. Die wichtigsten Befunde sind:

Die Suizidraten der alten *Männer* sind 4-5mal so hoch, wie die der Frauen. *Alleinstehende* Alte nehmen sich häufiger das Leben, unter ihnen sind es die geschiedenen und verwitweten. Von Bedeutung scheint also die Veränderung zu sein, weniger gewohntes Alleinleben. Mit der *Zahl der Kinder* sinkt das Suizidrisiko. Die Berufsaufgabe bei Männern unterer sozialer Schichten scheint mit einem erhöhten Suizidrisiko einherzugehen, ebenso finanzielle Notlagen, allerdings läßt sich keine Schichtabhängigkeit erkennen. Weitere Risikofaktoren sind Emigration, der subjektive Gesundheitszustand, Psychosen, insbesondere affektive Psychosen, Suchtkrankheiten und vorherige Suizidversuche.

Um psychodynamische Dimensionen der Suizidalität annähernd zu verstehen, müssen die individuellen, insbesondere die unbewußten Faktoren berücksichtigt werden, was ein persönliches sich Einlassen im jeweiligen Einzelfall erfordert.

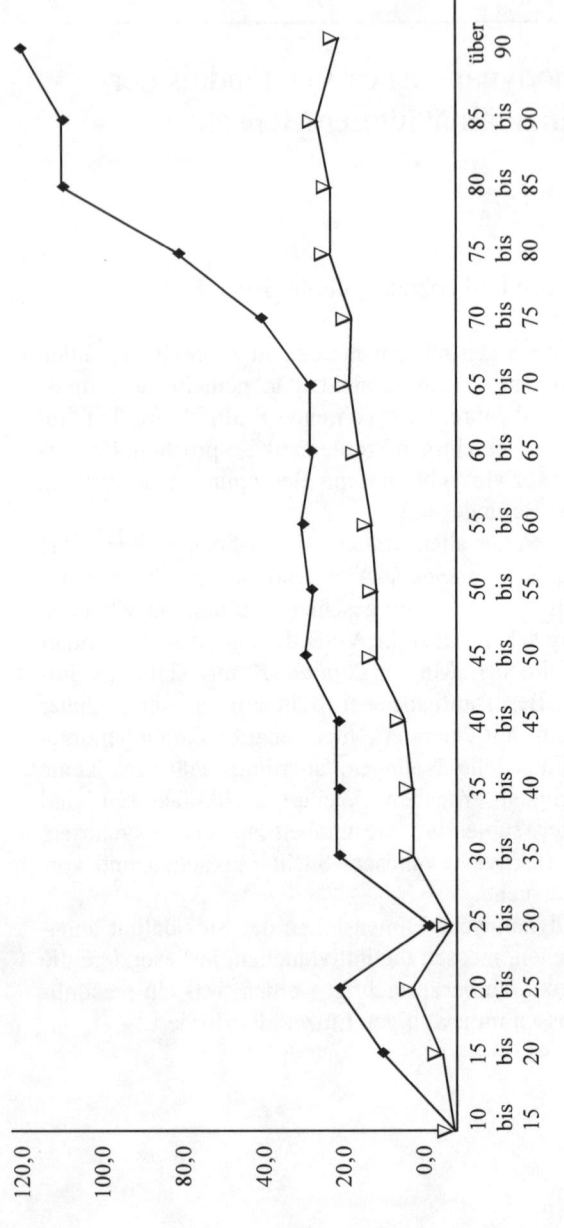

Abbildung 1: Sterbefälle 1990 durch Selbstmord und Selbstbeschädigung je 100 000 Einwohner gleichen Alters und Geschlechts, BRD (Zahlenquelle: Statistisches Bundesamt 1992)

◆ männlich ▽ weiblich

Fallbeispiel

Der Patient wurde von einem Kollegen in unserer Ambulanz gesehen und in der Teambesprechung vorgestellt. Ich bin meinem Kollegen außerordentlich dankbar für die Erlaubnis, aus seinen Aufzeichnungen zitieren zu dürfen.

»Es handelt sich um einen 73jährigen, lebhaften, schlanken Oberstudienrat im Ruhestand, der in Begleitung seiner sehr freundlich wirkenden Frau kommt, die im Wartezimmer bleibt. Herr A. nimmt lebendigen und engagierten Kontakt auf und schildert seine Beschwerden.

Vor einem halben Jahr brach sich seine Frau ein Bein, was dazu führte, daß sie für einige Wochen hilflos war. Er mußte sie versorgen. Inzwischen ist die Fraktur geheilt und die Gehfähigkeit wieder hergestellt. Dennoch sind seine damals aufgetretenen Befürchtungen nicht besser, sondern schlimmer geworden. Dauernd stellt er sich vor, was seiner Frau oder auch ihm passieren kann und wie hilflos und gegenseitig abhängig sie voneinander werden könnten. Seine Frau lache ihn wegen seiner Befürchtungen aus, auch er gebe ihr eigentlich recht. Trotzdem quäle er sich dauernd mit seinen Vorstellungen.

Kürzlich wollte er als Vorsitzender eines Vereins Dankesworte an den Kassierer richten. Ihm war aber der Name nicht eingefallen. Er hätte ja leicht ausweichen können, indem er von »unserem Kassierer« gesprochen hätte, aber die Tatsache, daß ihm der Name nicht einfiel, habe ihn sehr erschüttert und irritiert. Er hat mehrere neurologische und internistische Untersuchungen vornehmen lassen, die nur altersentsprechende Befunde ergaben.

Er könne schlecht schlafen, wache häufig schon um 2 Uhr auf und mache sich quälende Vorstellungen über das, was alles passieren könnte. Das müsse sich irgendwie ändern. Er möchte Medikamente einnehmen, um seine Gedanken in eine positive Richtung zu lenken. Auf seine nachdrückliche Bitte, ihm einen Psychiater zu empfehlen, nenne ich einen niedergelassenen Kollegen, und wir vereinbaren einen weiteren Gesprächstermin.

In der zweiten Stunde ergab sich zu Beginn eine Szene, die für mein Verständnis wesentlich wurde. Als der Patient plötzlich aufstand und mich fragte, ob er sich ein Glas Wasser holen dürfe. Er war schon im Begriff es zu tun, ehe ich antworten konnte. Die Bestimmtheit und Selbstverständlichkeit, mit der er sich das Wasser holte, ließ mich plötzlich begreifen, daß es dem Patienten wichtig war, nicht von meiner Erlaubnis abhängig zu sein, sondern die Situation selbst unter Kontrolle zu halten.

Er sprach dann davon, daß er gestern einen Waldspaziergang gemacht und sich verlaufen hatte. Sofort war er in Panik geraten. Seine Ehefrau hätte viel gelassener reagiert, und natürlich hätten sie bald wieder den richtigen Weg gefunden.

Ich sagte ihm, entsprechend meiner Hypothese, daß es ihm offenbar ganz wichtig sei, jederzeit die Orientierung zu behalten und die Situation unter Kontrolle zu haben, so wie hier auch. Er bestätigte und ihm fiel ein, daß er kürzlich einen Vortrag über den Morbus Alzheimer gehört hatte. Jetzt fürchte er, in 10 Jahren auch nur noch eine leere Hülle zu sein, mit nichts drin.

Als ich vermutete, daß die Angst, es könnte eine Katastrophe passieren, möglicherweise gar nicht erst vor einem 1/2 Jahr entstanden war, sondern unterschwellig schon lange da war, konnte er zustimmen. Wahrscheinlich hätten seine Befürchtungen etwas mit den schlimmen Dingen zu tun, die er als junger Mensch tatsächlich erlebt hatte.

Er brachte Erinnerungen: Schon in der Schule hätte er einen roten Kopf bekommen, wenn er aufgerufen wurde und nicht gut vorbereitet war. Er berichtete, wie schlimm es war, als sich der Vater in seinem 11. Lebensjahr umbrachte. Er befürchte wohl immer noch, es könnten wieder schlimme Dinge passieren.

Bei der Verabschiedung fragte er, wie ich die Gespräche festhielte. Ich sagte, ich machte mir nachher ein paar Notizen. Ich verstand seine Frage wieder so, als ob er die Situation unter Kontrolle bringen mußte.«

Nach diesen beiden Stunden stellte der Kollege den Patienten in unserer Ambulanzkonferenz vor. Seine erste Arbeitshypothese, daß es den Patienten beunruhigte, die Kontrolle über sich und die Situation zu verlieren, leuchtete uns ein. Uns fiel auf, daß bereits in der Initialszene die Trennung von der Frau, deren Beinbruch für den Patienten die auslösende Situation gewesen war, reinszeniert worden war.

Der Konflikt bestand wohl darin, daß sich der Patient zunehmend in Lebenssituationen fand, in denen er sich hilflos erlebte, aufgrund früherer Erfahrungen aber den Anspruch an sich hatte, solche Situationen um jeden Preis zu meiden. Diesem Anspruch konnte er nicht mehr jederzeit gerecht werden. Wir hatten den Eindruck, daß unser Kollege mit der Angst des Patienten, die Kontrolle zu verlieren und abhängig zu werden, ein zentrales Problem benannt hatte, das sich sowohl im Hier und Jetzt der Übertragung, als auch zu Beginn der Symptomatik und in der

Lebensgeschichte des Patienten nachweisen ließ. Wir waren mit dem vorsichtigen Ansprechen der Abwehrseite, nämlich daß es ihm wichtig sei, die Orientierung und Kontrolle zu behalten, durchaus einverstanden und am Fortgang der Behandlung interessiert.

Vor dem nächsten Termin wurde der Kollege von der Ehefrau des Patienten angerufen, die mitteilte, daß er sich am Tag zuvor im Keller ihres Hauses erhängt hätte, als sie einkaufen war. Der Kollege und mit ihm wir alle waren erschüttert. Wir hatten nicht an Suizidalität gedacht. Es entstand das dringende Bedürfnis, das ungeheure Geschehen besser zu verstehen, vielleicht auch, um es dann eher ertragen zu können.

Wie uns mit einigem Abstand klar wurde, lag ein wesentliches Problem darin, *zu schnell verstanden haben zu wollen*, um das Geschehen zu beherrschen und dadurch den Patienten in seiner Not nicht erreicht zu haben. Das rasche Formulieren einer Hypothese, die nur einen Teil der Problematik des Patienten erfaßte, entsprach vermutlich dem lebenslangen und jetzt zusammengebrochenen Abwehrverhalten des Patienten, dessen Ohnmachtsgefühle erst nach seinem Suizid deutlich erfahrbar wurden.

Im nachhinein liest sich dieses Protokoll natürlich anders. Es fällt auf, daß der Patient schilderte, wie sehr er um den Verlust seiner geistigen Kompetenz fürchtete. Er hatte Angst geäußert, seine sprachlichen Möglichkeiten, seine sichere Orientierung und seine Frau zu verlieren. Diese Angst war vielleicht zu wenig ins Gespräch gekommen, sie war »wegorganisiert« worden. Unser Kollege hatte in dem Moment das Gespräch auf beängstigende Situationen in der Biographie gelenkt, als der Patient von seiner Angst vor der Alzheimerschen Erkrankung gesprochen hatte.

Vielleicht hatte sich im Erleben des Patienten unser Kollege auch mit der Empfehlung eines Psychiaters entzogen, die er ja selbst gewünscht hatte, eine tragische Situation, zumal auch eine Nichtempfehlung, selbst jetzt im Nachinein, ebenso entziehend, unverantwortlich und unmenschlich gewesen wäre, zumal wir gelernt haben, gerade bei älteren Patienten, deren Suizidalität uns bewußt ist, hartnäckige Schlafstörungen sehr ernst zu nehmen.

Seine letzte Frage, wie denn seine Worte festgehalten werden, könnte heute nicht nur als Ausdruck seines skeptischen

Kontrollbedürfnisses interpretiert werden, sondern auch als Frage, ob er fest genug gehalten werde und ob seine ihn beunruhigenden Angstvorstellungen auch genügend aufgenommen werden.

Die suizidale Dynamik im Alter

Allgemeine Aspekte
Die auslösende, diesen Patienten beunruhigende und für das höhere Lebensalter kennzeichnende Situation für suizidale Impulse ist meist ein bedrohlicher, tatsächlicher oder auch nur befürchteter Verlust von Objekten. Unter Objekten werden im psychoanalytischen Sinn bekanntlich nicht nur tatsächliche Bezugspersonen, sondern vielmehr deren innere Repräsentanzen und ihre Bedeutung verstanden. Objekte in diesem Sinne können auch libidinös hoch besetzte Ich-Funktionen, insbesondere auch Körperfunktionen oder Teile des Körpers selbst sein, deren Verlust oder befürchteter Verlust dann existentiell bedrohlich erscheint, wenn sie für das Selbstwertgefühl entscheidend waren (FREUD 1916).

Unser Patient fühlte sich von der Zerstörung seiner Denkfähigkeit bedroht, er hatte von der »leeren Hülle« gesprochen, die die Alzheimersche Erkrankung hinterläßt, und von den abhängig machenden Folgeerscheinungen des Beinbruchs seiner Frau. Sein den Verlusten passives Ausgesetztsein wurde mit der suizidalen Handlung in Aktivität verwandelt, bei vielen Suizidenten begleitet von Phantasien, eine ozeanische Friedlichkeit herzustellen. Von den Suizidvorstellungen unseres Patienten wissen wir nichts direkt. Eine trügerische Friedlichkeit, also die Abwehrseite der aggressiven Zerstörung, hatte aber unsere Konferenz bestimmt. Auch wir meinten aktiv handeln, deuten zu können, wurden aber mit der schrecklichen Ohnmacht des Todes nach seinem Suizid konfrontiert. Der Patient hatte uns keine weitere Chance gegeben. Die eine Seite der Suizidalität besteht also daraus, sich der Zersetzung ohnmächtig ausgeliefert zu fühlen und diesem passiven Zustand eigenes aggressiv-destruktives Handeln entgegenzusetzen. Die andere, davon abgespaltene, bewußtseinsnähere Seite besteht aus der Flucht in primärnarzißtische Wunschzustände (HENSELER 1974).

Aspekte des Körperlichen

Bei unserem Patienten war die Angst vor Abhängigkeit infolge körperlicher Einschränkungen durch die Verletzung der Ehefrau ausgelöst und mit eigenen überwertig erlebten kognitiven Beeinträchtigungen verschränkt. Wir wissen, daß schwere körperliche Krankheiten eine erhöhte Suizidgefahr darstellen und damit im Alter von besonderer Bedeutung sein können. Allerdings wissen wir auch, daß nur 5% der Suizidenten sich in der terminalen Phase einer Erkrankung mit infauster Prognose das Leben nehmen. Häufiger sind Selbstmordversuche in der ersten Zeit der Erkrankung, besonders nach der Diagnosestellung (McKenzie 1990). An Demenz Erkrankte scheinen auch in der ersten Phase besonders gefährdet, in der die Defizite noch selbstkritisch wahrgenommen werden können. Ob unser Patient zu dieser Gruppe gehört hat, muß offen bleiben. Diese Befunde weisen darauf hin, daß es die Beunruhigung, die um die Krankheit kreisenden Ängste und Phantasien sind, die suizidal wirksam werden.

Jede körperliche Veränderung, die das Alter mit sich bringt, muß ins Körperselbst, also in das innere Bild, das wir von unserem Körper haben, integriert, das Bild muß übermalt werden (Thomä 1992). Dieser Vorgang ist uns für das Verständnis der frühkindlichen und der pubertären Entwicklung geläufig, gilt aber genauso für das weitere Altern. Häufig werden körperliche Veränderungen, die auch schon unsere sogenannten besten Jahre begleiten, verleugnet, um später um so schmerzhafter bewußt zu werden. Dann wird die Welt innerer Objekte besonders wichtig. Stehen stabile innere Objektrepräsentanzen nicht zur Verfügung, können körperliche Veränderungen, zu denen ich hier auch kognitive Einschränkungen rechnen möchte, zu einem suizidalen Risikofaktor werden. Die Wut der Patienten richtet sich gegen schmerzhafte Verluste, gegen die Versagung des Sich-wohl-Fühlens, insbesondere erscheint die Aussicht auf Abhängigkeit unerträglich schmerzhaft.

Zeit- und Generationsaspekte

Eine wichtige Voraussetzung, im Alter zufrieden zu leben, besteht darin, anzuerkennen, daß Jüngere in mancher Hinsicht leistungsfähiger und kreativer sein können. Andernfalls werden schwere Neid- und Eifersuchtsgefühle mobilisiert. Der bei manchen Alten zu beobachtende Haß gegen alles Neue ist der Haß auf die Jungen. Dieses uralte Thema taucht in Märchen und Mythen auf, das bekannteste Märchen vielleicht Schneewittchen, die von der Stiefmutter um ihrer jugendlichen Schönheit willen beneidet und mit tödlichem Haß verfolgt wird. Ödipus wird von seinem Vater Laios, der den Sohn als Konkurrenten fürchtet, ausgesetzt. Die Angst des Alten setzt die Tragödie in Gang.

Ein stabiles Selbstwertgefühl und entsprechend gestaltete innere Objektbeziehungen erlauben es, die Zeichen des Alters und seine Verluste ohne Verleugnung und ohne vernichtende Angst erleben zu können. Verluste können betrauert werden, wenn »innere Ressourcen ausreichen, um sich weiterhin bejahend auf die eigenen Fähigkeiten zur Wiederherstellung eines sinnvollen Lebens verlassen zu können« (KERNBERG 1988, S. 147).

Unser Unbewußtes, das nicht den Gesetzen formaler Logik folgt, kennt keinen linearen Zeitverlauf. Im Traum sehen wir alternden Menschen uns zum Beispiel immer noch als jugendliche Helden. Der Mythos vom Jungbrunnen verleiht dem kollektiven Wunsch Ausdruck, den Körper von der Zeit unbeeinflußt halten zu können.

Unser bewußtes Erleben der Zeit wandelt sich mit dem Altern. Für Kinder ist die Zeit oft unendlich lang, und das nicht nur am Heiligen Abend vor der Bescherung. Ihre Bezugspersonen sind immer dieselben, die sich kaum zu verändern scheinen. Die Alten hingegen sagen: »Kinder, wie die Zeit vergeht«. Sie haben schon so viele Menschen kommen und gehen sehen und erlebt, wie sich politische und soziale Verhältnisse gründlich ändern.

Häufig hat man den Eindruck, als wollten manche alten Menschen die Zeit anhalten. Sie sehnen sich nach dem aus der Kindheit bekannten subjektiven Erleben einer stillstehenden Zeit. Es war ja auch die Zeit im Leben, in der alles noch möglich schien. Idyllisch verklärend sprechen sie von der guten alten Zeit. Manche Menschen verhalten und erleben sich so, als gebe es kein Älterwerden, wie eine Frau, die sich jugendlicher kleidet als ihre Tochter. Je mehr damit aber die Verleugnung des Alterns gelingt, um so bestürzter werden dann eines Tages nicht mehr zu übersehende Zeichen des Alters wahrgenommen. Versuche, die Zeit stillstehen zu lassen und damit ihre Existenz auszulöschen, haben – nüchtern betrachtet – grandiosen narzißtischen Charakter.

Der kürzlich in der Boulevardpresse dargestellte suizidale Tod der 59jährigen Schriftstellerin SANDRA PARETTI schildert eindrucksvoll solche Phantasien. Es geht um die letzten Lebensstunden:

»Sandra Paretti hatte sich zum Sterben leicht angezogen, sie trug ein fliederfarbenes Hausgewand, darunter weiße Seide mit Spitzen. Die dunklen Locken hielt sie mit einem breiten goldenen Stirnband zurück. ... sie ist sorgfältig geschminkt, ... das Gesicht weiß gepudert, die Wimpern getuscht, die Lippen blutrot. Man sah ihr nicht an, daß der Krebs begonnen hatte sie zu zerstören. ... Sandra Paretti wartet ebenso ungeduldig auf den Beginn eines neuen Lebens. Sie wird sich auf eine Reise begeben. Sie hat alles vorbereitet ... beschwingt von dem Gedanken, bald alles hinter sich lassen zu können, geht sie durch die Wohnung, öffnet alle Türen.« (Bunte Illustrierte 13, 1994, S. 14f.).

In dieser journalistischen Darstellung, die viele der üblichen, mit dem Suizid verbundenen Phantasien in sicher übertriebener Weise beschreibt, wird die Zerstörung des Körpers durch den Krebs ins Gegenteil verkehrt. Eine fassungslose Betroffenheit von Angehörigen kommt nicht vor.

Soziokulturelle Aspekte

Der Verlust körperlicher oder geistiger Fähigkeiten wirkt sich natürlich auch auf das Verhältnis zur Umgebung aus und führt im Alter häufig zum Rückzug aus Beziehungen, denken Sie an Schwerhörigkeit oder Bewegungseinschränkungen. Die Möglichkeit, neue Beziehungen aufzunehmen, kann aus äußeren Gründen erschwert sein durch Wohnbedingungen oder Verkehrsmittel. Fertigkeiten und Qualifikationen, die für die äußere Bestätigung des Selbstwertgefühls Bedeutung haben, werden immer schneller entwertet, wie etwa berufliche Kompetenzen.

ERIKSON (1988) hat einen zentralen Widerspruch beschrieben, der das hohe Lebensalter prägt. Die Welt der Alten zerfällt, sowohl ihr Körper, wie auch ihre sozialen Normen, Wertvorstellungen und kulturellen Traditionen. Gegen die Verzweiflung darüber steht das lebenslange und auch im Alter fortbestehende Streben nach einer gefestigten Identität. Die Alten haben

Traditionen zu erhalten und an die Enkel weiterzugeben. Gerade darin besteht die Hoffnung und die generative Aufgabe im Lebenszyklus, die dem Zerfall entgegenwirkt. Allerdings wird der Kampf um den Erhalt für jeden einzelnen vergeblich sein. Mit diesem Widerspruch zu leben, so ERIKSON (1988), macht die Weisheit des Alters aus. Angesichts der »Dekultivierung« (GUTMAN 1980) westlicher Zivilisation ist die generative Aufgabe für die Alten schwerer, aber auch wichtiger geworden.

Bestimmte typische Krisensituationen können im Verlauf des Alterns suizidal verarbeitet werden. Der Prozeß des Älterwerdens wird in unserer Kultur erstmals besonders deutlich erfahrbar, wenn die berufliche Karriere keine weiteren Entwicklungsmöglichkeiten bietet. Für viele ist dieses Erlebnis sehr kränkend, nicht selten auch hervorgerufen durch neue jüngere Vorgesetzte, insbesondere, wenn das Selbstwertgefühl stark an die berufliche Leistung gebunden ist.

Die Menopause erfordert von Frauen eine veränderte innere Einstellung zur Sexualität. Wenn Kinder erwachsen werden und das Elternhaus verlassen, wird absehbar, welche Träume der Eltern von den Kindern nicht verwirklicht werden, die Eltern verlieren erzieherische Aufgaben.

Einen weiteren wichtigen Einschnitt im Verlauf des Älterwerdens stellt das Ausscheiden aus dem Berufsleben dar. Ein Lebensbereich, der Anerkennung und Selbstbestätigung einbrachte, geht verloren, mit ihm häufig wichtige Beziehungen, die für die narzißtische Stabilität von Bedeutung waren. Manche Ehepartner leben jetzt erstmals in einer engen Zweierbeziehung mit der Aussicht auf 10 bis 20 gemeinsame Lebensjahre. Partnerschaftliche Aufgaben und Einflußmöglichkeiten werden neu verteilt, daran gebundene Selbstwertgefühle möglicherweise erschüttert.

Erkrankungen im Alter bewirken Abhängigkeit, wenn grundlegende menschliche Bedürfnisse, wie etwa die Nahrungsaufnahme, Ausscheidung und Fortbewegung, nicht mehr selbständig befriedigt werden können – eine Abhängigkeit wie in früher Kindheit. Reale Abhängigkeit von anderen kann das narzißtische Gleichgewicht sehr belasten. Pflegebedürftigkeit ist das von den meisten und am häufigsten gefürchtete Ereignis im Alter.

Diese Aufzählung von möglichen Krisensituationen im Verlauf des Alterns sollte zeigen, daß die narzißtische Stabilität in unterschiedlichen Bereichen gewissermaßen abgeprüft wird. Welches Erlebnis von einem bestimmten Individuum als kränkend erfahren und nicht verarbeitet werden kann, steht mit seiner individuellen narzißtischen Verletzbarkeit, die ein Ergebnis seiner Lebenserfahrungen ist, in Zusammenhang.

In dem oben berichteten Fall fehlt es an Informationen über den biographischen Hintergrund, die erklären könnten, warum diesen Patienten gerade diese Einschränkungen des Alltags tief beunruhigten. In manchen Fällen läßt sich dieser Zusammenhang sehr genau verfolgen, wie bei der 72jährigen Frau, die in ihrer Kindheit von einer Ersatzmutter zur anderen geschoben wurde, die sich dann ihr Leben lang als fünftes Rad am Wagen fühlte, und die, als ihre Familie ein Altersheim für sie in Erwägung zog, mit einem schweren Suizidversuch reagierte (TEISING 1992).

Ethische Gesichtspunkte

Es besteht ein breiter Konsens, es als kulturellen Fortschritt zu bewerten, daß sich alte Menschen nicht, wie in bestimmten Kulturformen erforderlich, umbringen müssen. Das Recht auf einen selbst gewählten Todeszeitpunkt möchte ich nicht in Frage stellen.

Untersuchungen haben aber ergeben, daß die Haltung gegenüber Suizidenten altersabhängig ist. Je älter der Betroffene, desto eher wird sein Suizid akzeptiert (PASCHENDA u. WEDLER 1991). Dies deutet auf eine öffentliche Toleranz des Suizids nicht nur bei Kranken und Behinderten, sondern auch besonders bei alten Menschen hin. Diese Haltung leitet sich aus der Einstellung ab, alten Menschen nicht länger zumuten zu dürfen, sich quälen zu müssen. Darin sind zwei Annahmen enthalten, die hinterfragt werden müssen.

1. Unter bestimmten Bedingungen gilt das Leben als nicht mehr lebenswert. Damit wird der Wert menschlichen Lebens relativiert. Wenn das Alter als eine solche Bedingung in Erwägung gezogen wird, wird Alter an sich als Defizit verstanden. Meist wird Schwäche und Abhängigkeit assoziativ mit dieser Lebensphase verbunden. Schwäche ist aber keine zwangsläufige Alterserscheinung, Abhängigkeit eine Grund-

bedingung menschlicher Existenz, die im Alter allerdings noch einmal ganz offensichtlich werden kann. Schwäche und Abhängigkeit gilt es auf jeden Fall zu vermeiden, um nicht zu sagen auszumerzen.

2. Es erscheint human, die Entscheidung, eines erfahrenen alten Menschen zu respektieren. Sind wir aber vielleicht zu schnell bereit zu respektieren, ohne verstanden zu haben, und müssen wir uns so weniger verantwortlich und weniger schuldig für die Lebensmöglichkeiten und Bedingungen der Betroffenen fühlen?

Der Begriff »Bilanz-Suizid«, im Zusammenhang mit Alterssuizid immer wieder gebräuchlich, suggeriert Objektivität. Eine Bilanz soll Gewinn und Verlust ausweisen, sie soll nicht manipuliert oder frisiert sein. Als könne ein Mensch, ohne die Brille seiner jeweiligen Affekte, die ja in jedem Moment zum menschlichen Dasein gehören, sich selbst objektiv bilanzieren! Wenn es objektive Kriterien gäbe, müßten sich alle Menschen, die in eine definierbare Situation geraten, selbst töten. RINGEL (1969) hat sarkastisch formuliert: »Wenn der Bilanz-Selbstmord so rational wäre, wie manche Psychiater glauben, wäre von der menschlichen Spezies nur wenig übrig geblieben.«

Übertragungs- und Gegenübertragungsaspekte in der therapeutischen Beziehung mit alten Suizidenten

Ängste, die uns beunruhigen, wie die vor fremdbestimmter Abhängigkeit und Zerstörung des Körpers, deren Bewältigung vielleicht sogar zu unserer Berufswahl beigetragen hat, werden durch die Suizidenten häufig sehr heftig mobilisiert. Wir schrecken zurück und versuchen, die Situation schnell zu kontrollieren. Oft geht es um das *Betrauern normaler Vergänglichkeit*, die auch wir immer wieder vergessen. Es geht um besonders tiefe Kränkungen mit der Folge, daß die Suizidenten unseren gemeinsamen Lebensraum verlassen wollen. Sie fordern uns mit den unumkehrbaren Konsequenzen ihrer Entscheidung heraus. Sie stellen das Selbstverständnis des Helfers und sein Selbstwertgefühl in Frage. Sie provozieren Abwehrmechanismen des Therapeuten, so daß eine intensive Bearbeitung der Gegenübertragungsgefühle erforderlich ist, wenn die therapeutische Beziehung fruchtbar werden soll.

Weiter ist es für uns ungewöhnlich, wenn in der therapeutischen Situation die Patienten deutlich älter sind als wir. Ältere Suizidenten begegnen jüngeren Therapeuten häufig mit großer Skepsis, manchmal mit provozierender Ablehnung. »Sie können mich doch nicht verstehen, ich will nicht mit Ihnen sprechen«, habe ich oft gehört. Solche Bemerkungen kennen wir auch von jüngeren Suizidenten, von Alten ausgesprochen wirken sie aber anders, sie sind verletzender, hören wir doch sehr schnell unsere eigenen Eltern heraus, die uns Unfähigkeit attestieren.

Die Altersdifferenz beeinflußt Übertragung und Gegenübertragung. Ein modernes Verständnis begreift diese Phänomene nicht als Verzerrung der objektiven Realität oder im Sinn einer unveränderten Neuauflage vergangener Beziehungen (GILL 1982); Übertragung und Gegenübertragung werden heute als ein von Therapeut und Patient wechselseitig induziertes und gestaltetes interaktionelles Geschehen begriffen, das sich sehr wohl auch an realen Merkmalen des Gegenübers, wie dem seines Lebensalters, orientiert.

Persönliche Erfahrungen mit deutlich Älteren sind für die meisten von uns sehr beschränkt. Wir haben privat kaum Freundschaften zu Menschen außerhalb einer recht engen Altersspanne, der wir selbst angehören. Unsere wenigen Erfahrungen mit Alten aus der eigenen Familie prägen unsere Vorstellungen und bestimmen damit, was wir von den Alten projektiv erwarten.

RADEBOLD (1992) hat beschrieben, daß in der Begegnung zwischen jüngerem Therapeuten und älterem Patienten gerade zu Anfang nicht, wie üblich, relativ rasch Übertragungsphänomene zu beobachten sind, die aus der Beziehung des Patienten zu seinen Eltern stammen. Die Übertragungssituation ist typischerweise zu Anfang umgekehrt. Der junge Therapeut wird unbewußt wie ein Kind erlebt und behandelt. Welche Aspekte einer Beziehung zum Kind, welche Erwartungen und affektiven Einstellungen übertragen werden, ist natürlich individuell sehr unterschiedlich. Dasselbe gilt umgekehrt für Gegenübertragungsphänomene des Therapeuten. Es geht darum, diese Phänomene jeweils auch unter einem Generationsgesichtspunkt zu reflektieren und für unsere Arbeit fruchtbar werden zu lassen.

Ältere Suizidenten erzielen vor diesem Hintergrund besondere Wirkungen. Sie erschüttern die Vorstellung, vor allem die Wunschvorstellung, die wir von alten Menschen in unserem eigenen Umkreis haben, oder von solchen, die uns Vorbild für eigenes Altern sein sollen. Sie wollen nicht mehr leben, nicht mehr für uns da sein.

Die Frage ist: Lassen wir uns auf Beziehungen zu älteren suizidalen Menschen ein, von deren Brisanz wir in der ersten Begegnung lediglich etwas ahnen können, oder finden wir Möglichkeiten uns zu entziehen? Wir sollten uns diesen Fragen stellen. Auch wenn sich der Patient in diesem Fallbeispiel das Leben genommen hat, kann ich aufgrund zahlreicher Behandlungen alter suizidaler Menschen sagen, daß die Arbeit, vielleicht gerade wegen der tiefen Ernsthaftigkeit, die in den Beziehungen entstehen kann und der intensiven Arbeit an der Gegenübertragung zu einer großen persönlichen Bereicherung für mich geworden ist.

Thomas Haenel

Der Suizid als Gruppen- und Kollektivphänomen

Beim selbstherbeigeführten Tod kann der Wunsch, einen oder mehrere Verbündete bei sich zu haben beziehungsweise »mitzunehmen«, sehr dominierend werden. Die Vorstellung des gemeinsamen Sterbens, mit einem Partner oder einer Partnerin zusammen, ist uralt und wird auch in der schöngeistigen Literatur in den verschiedensten Variationen geschildert, oft sogar idealisiert. Beschließt aber eine größere Gruppe sich kollektiv umzubringen, wird der Akt des Tötens oft nicht nur als Suizid, sondern auch als Tötung des anderen, als gegenseitiges Töten durchgeführt. Anhand dieser Phänomene ist ersichtlich, daß eine psychoanalytische Interpretation des Suizids als Wunsch, getötet zu werden, zutreffend sein dürfte. Als eine besondere Form sei das Amoklaufen bei den Malaien erwähnt, eine ursprünglich kulturell bedingte Form des Suizids. Der Amokläufer weiht sich und andere dem Tod. Motive sind oft verletzendes Ehrgefühl und Rache (Ellenberger 1953). Der Amoklauf kann als eine Form des erweiterten Suizids betrachtet werden. Cavan (1928, S. 65) bemerkt, daß Malaien oft einer Religion angehören, deren Glaube Suizid verbiete, nicht unbedingt jedoch das Töten anderer, besonders wenn diese einem anderen Glaubensbekenntnis zugehören. Somit ist der Suizid ein indirekter, da der Amokläufer letztlich von anderen umgebracht wird und so das Suizidverbot umgeht.

Im alten Griechenland soll der Kollektivsuizid von betagten Menschen vollzogen worden sein. Singer (1980, S. 52) berichtet von »unnütz gewordenen Alten«, die sich auf der griechischen Insel Keos versammelt, ein festliches Mahl eingenommen und danach mit Blumen bekränzten Stirnen den Schierlingsbecher getrunken hätten. Erwähnt seien auch Gefolgschaftssuizide größeren Ausmaßes, die in früheren Jahrhunderten nicht selten vorgekommen sind und mit rituellen Suiziden im Zusammenhang gesehen werden müssen. In China sollen zur Zeit der Shang-Dynastie (1700–1000 v. Chr.) beim Ableben des Königs dessen Krieger samt Pferden geopfert und mit ihm begraben worden sein (EGEROD 1980). Selbstverständlich stellt sich bei solchen Beispielen immer die Frage nach der sogenannten Freiwilligkeit, wieweit das Einverständnis des einzelnen vorliegt und welche Rolle dem Druck der Gruppe, der Gesellschaft zukommt. Eines der bekanntesten historischen Beispiele für einen Massensuizid ist der von Masada, einer Felsenfestung in der Nähe des Toten Meeres. Als die Festung im Jahre 73 n. Chr. von den Römern belagert wurde, führten die Bewohner einen Massensuizid durch, um sich dem Feind zu entziehen. Gegen 1000 Menschen sollen auf diese Weise ums Leben gekommen sein (HANKOFF 1979, S. 37). JOSEPHUS FLAVIUS hat den Massensuizid von Masada beschrieben. Es muß angenommen werden, daß auch in diesem Fall ein gegenseitiges Töten stattgefunden hat (DIEKSTRA 1995).

Ein besonders düsteres Kapitel ist die Eroberung der Neuen Welt durch die Europäer: Suizide kamen vor allem unter den unglücklichen, zur Sklaverei verdammten Indianern vor, die von den Besiegern mit Grausamkeit behandelt wurden. Die spanischen Eroberer sollen auf den Gedanken gekommen sein, die Eingeborenen vom Suizid dadurch abzuhalten, daß sie ihnen einredeten, sie würden sich selbst umbringen, um ihre Strenge mit ihnen im Jenseits fortzusetzen, so berichtet LECKY (1871, S. 42). Manche Indianerstämme Amerikas sollen sich in Scharen den Tod gegeben haben, um der Fremdherrschaft zu entgehen (ROST 1927, S. 296). Ich stimme nicht mit ZILBORG (1936) überein, wenn er schreibt, daß heute kein zivilisiertes Volk eine Tendenz zum Massensuizid aufweise. Dieser Aussage widerspricht ein Beispiel aus jüngster Zeit, das Massaker von Guayana, dem Massensuizid in der Urwaldkolonie Jonestown am 18.11.1978, für das der Amerikaner Jim Jones verantwortlich war (KILDUFF u. JAVERS 1979). Wie in Masada haben sich auch hier etwa 1000 Menschen umgebracht beziehungsweise sich gegenseitig getötet. Das neueste Beispiel in dieser traurigen Geschichte möchte ich nur am Rande erwähnen: Es ist das der Sonnentemplersekte in der Schweiz, in Salvan (VS) und Cheiry (Fr) und Kanada (Oktober 1994). Die Untersuchungen hierzu

76

sind noch nicht abgeschlossen, und es handelt sich möglicherweise nicht um ein typisches Beispiel von Kollektivsuizid, sondern eher um einen Massenmord.

Kollektivsuizide möchte ich nicht nur verstanden wissen als gemeinsam durchgeführte Suizide von mehreren oder gar vielen Menschen, die den Akt zusammen unternehmen, sondern ich verstehe den Begriff der Kollektivität auch als ein Phänomen, das zwar einzeln in der Bevölkerung auftritt, aber dem ein kollektives Geschehen zugrunde liegt. Diese kollektive Dynamik führt zu der Frage, ob Suizidhandlungen »ansteckend« sind. Während Jahrzehnten galt der »ansteckende« Effekt von Suizidhandlungen als gegeben, obschon er während vieler Jahre nicht bewiesen werden konnte. Die Lektüre von GOETHES »Die Leiden des jungen Werther« soll eine Suizidepidemie zur Folge gehabt haben, die später dann zum Begriff des »Werthereffekts« geführt hat. Verschiedene Untersuchungen, die in den Jahrzehnten nach dem Zweiten Weltkrieg durchgeführt wurden, deuteten ebenso in diese Richtung, ohne daß ein endgültiger Beweis erbracht werden konnte. So wurde beispielsweise in verschiedenen Großstädten der USA in den 60er Jahren untersucht, ob bei längerdauernden Zeitungsstreiks (wichtige und größere Tageszeitungen) die Suizidrate im betreffenden Gebiet verändert wird. Es zeigte sich, daß zwar in den meisten Städten die Suizidrate während des Zeitungsstreiks verringert wurde, doch mußte der Grad der Veränderung als nicht signifikant beurteilt werden (MOTTO 1967).

MOTTO (1970) berichtet von einem Zeitungsstreik in Detroit, der vom November 1967 bis August 1968 dauerte. Während dieses Streiks, bei welchem 268 Tage keine Zeitungen erschienen, zeigte sich ein interessantes Phänomen: Die Suizidrate bei Männern war höher als im Jahr zuvor, entsprach aber etwa dem Durchschnitt der vier vorangegangenen Jahre. Bei Frauen dagegen erwies sich, daß die Suizidrate während des Zeitungsstreiks deutlich niedriger war als in den vorangegangenen Jahren. Besonders drastisch wirkte sich dies in der Altersgruppe der jüngeren Frauen (15–34jährigen) aus. Die Frage kann auch umgekehrt gestellt werden: Statt zu fragen, ob ein Ausbleiben von Suizidmeldungen in der Tagespresse die Suizidrate senkt, kann man die Frage stellen, ob nach entsprechenden groß aufgemachten Meldungen in den Zeitungen die Suizidrate steigt. Besonders interessieren natürlich Suizide, welche von sehr populären Persönlichkeiten durchgeführt werden und deren Tod und Todesart in der Tagespresse detailliert geschildert und kommentiert wird. Die Identifikation mit solchen Idolen ist für viele Menschen naheliegend. Nach dem Suizid von MARYLIN MONROE im August 1962 erhöhte sich die Suizidrate in Los Angeles im gleichen Monat um 40%. Trotzdem wirkte sich dies auf die gesamte Suizidrate jenes Jahres statistisch gesehen nicht in signifikanter Weise aus. Im übrigen waren es vorwiegend Männer, die sich als Folge des in der Tagespresse kommentierten Todes von MARYLIN MONROE umgebracht haben. Allerdings stieg im darauffolgenden Jahr die Suizidrate bei Frauen um 42% an (MOTTO 1967).

PHILLIPS (1974) konnte nachweisen, daß Suizide unmittelbar nach einem entsprechenden Bericht über einen Suizid in den Tageszeitungen in England und in den USA in den Jahren 1947 bis 1968 angestiegen sind. Die Zahl der Suizide wurde in den Gebieten erfaßt, in welchen die entsprechenden Zeitungen gelesen wurden und verbreitet waren. Die Suizidraten liegen besonders im Monat des Erscheinens solcher Berichte und im darauffolgenden Monat deutlich über dem zu erwartenden Durchschnitt. PHILLIPS stellte auch einen Zusammenhang fest zwischen dem Publizitätsgrad und der Anzahl von Suiziden, die danach erfolgten. Das heißt, je mehr über einen Suizidfall berichtet wurde, je mehr er publik und populär wurde, desto mehr stiegen die Suizide in der Folge an.

SCHMIDTKE und HÄFNER (1986) haben anhand eines fiktiven Modells den lange gesuchten Nachweis weitgehend erbringen können. Dabei wird von der Darstellung von Suiziden (real oder fiktiv) in den Massenmedien ausgegangen, wobei nach entsprechenden Nachahmern gesucht wird. 1981 wurde in Deutschland im Zweiten Deutschen Fernsehen die 6teilige Serie »Tod eines Schülers« ausgestrahlt. Jedesmal wurde zu Beginn der Ausgang der Selbsttötung eines Schülers gezeigt. Mit Ausnahme einer Sendung war jedesmal der 19jährige Schüler Klaus Wagner zu sehen, unmittelbar bevor er sich vor einen fahrenden Zug warf. Die Fernsehserie wurde 1½ Jahre später, 1982, wiederholt. Die Autoren kommen zu folgenden Ergebnissen: »Die Ausstrahlung hatte in der Bundesrepublik Deutschland mit analogen Zeitperioden vor, zwischen und nach beiden

Sendungen, einen erheblichen Anstieg der mit gleicher Weise durchgeführten Selbstmorde in der Zeitspanne der Sendung und unmittelbar danach zur Folge. Die Häufigkeitszunahme der Eisenbahnselbstmorde war am stärksten in den nach Alter und Geschlecht dem fiktiven Modell am nächsten stehenden Gruppe der Bevölkerung. Für Männer von 15–19 Jahren betrug der Anstieg für einen Zeitabschnitt von 70 Tagen während und nach der ersten Ausstrahlung gegenüber den Vergleichszeiträumen 175%, für Frauen der gleichen Altersgruppe 167%. Bei Frauen über 30 und bei Männern über 40 Jahren fanden sich keine signifikanten Anstiege mehr. Wissenschaftlich formuliert ist es damit erstmals gelungen, eine lang verfolgte Hypothese, das Lernen am fiktiven Modell als Anstoß für Selbstmordhandlungen, zu belegen. Dabei scheint es sich nicht um vorgezogene Suizide disponierter Personen, sondern um einen echten Häufigkeitsanstieg der modellspezifischen Selbstmorde zu handeln. Praktisch formuliert hat wahrscheinlich eine beträchtliche Zahl junger Menschen durch diese mit guter Absicht gedrehte Fernsehserie den Anstoß erfahren, ihrem Leben ein rasches, dramatisches Ende zu setzen. Die Ergebnisse dieser Studie sind deshalb nicht nur für die Erklärung möglicher Ursachen von Selbstmordhandlungen und von anderen Formen risikoreichen Verhaltens von Bedeutung, sondern auch für die Verantwortung der Medien.«

Wir wollen uns jetzt der kleinstmöglichen Gruppe zuwenden: zwei Personen, die einen gemeinsamen Suizid durchführen. Unter *Doppelsuizid* versteht man also den gemeinsamen, aktiv herbeigeführten Tod zweier Individuen zur etwa gleichen Zeit im beidseitigen Einverständnis. Der *erweiterte Suizid* dagegen wird definiert als der aktiv herbeigeführte Tod von zwei oder mehr Individuen, wobei das Einverständnis einer oder mehrerer Personen nicht vorhanden ist.

Über Doppelsuizide und erweiterte Suizide wird in der Presse in der Regel Bericht erstattet, im Gegensatz zu Selbsttötungen einzelner Personen. Obschon insgesamt solche tragischen Ereignisse selten sind, scheinen sie in jüngster Zeit häufiger geworden zu sein, zumindest in der Schweiz. Doch ist es außerordentlich schwierig, klare statistische Angaben zu machen, da das statistische Amt in Bern lediglich die Daten aller Einzelsuizide der Schweiz sammelt. Über die speziellen Umstände eines Suizides, wie vorangegangene Tötung oder ein gleichzeitig erfolgter Suizid zweier Menschen, ist dem Bundesamt für Statistik nichts bekannt. Doppelsuizide und erweiterte Suizide werden also in keinem Kanton gesondert erfaßt. So sah sich auch meine Dissertandin PETRA ELSÄSSER vor große Schwierigkeiten gestellt, als sie die Fälle von Doppelsuiziden und erweiterten Suiziden im Kanton Basel-Stadt für die Jahre 1971–1990 zusammenstellen wollte. Mit Hilfe des gerichtsmedizinischen Instituts und des Kriminalkommissariates Basel-Stadt konnten mittels Umfragen die Fälle der letzten 20 Jahre ausfindig gemacht werden, wobei alle Informationen aus den Akten von strafrechtlichen Ermittlungsverfahren sowie aus gerichtsmedizinischen Akten stammen. Die Akten wurden unter dem Blickwinkel strafrechtlicher Gesichtspunkte erstellt. Für den erwähnten Zeitabschnitt konnten in Basel-Stadt 14 Fälle von Doppelsuizid oder erweitertem Suizid eruiert werden. Die Häufigkeit des Doppelsuizids bezogen auf die Gesamtzahl der Suizide variiert in der Literatur zwischen 0,6 und 2,3%. In der Schweiz wird die betreffende Zahl (lediglich eine geschätzte Zahl) mit 1,2% angegeben (ELSÄSSER 1993).

Auch wenn Doppelsuizid und erweiterter Suizid Gemeinsamkeiten mit der einzelnen Selbsttötung aufweisen, bestehen auch wichtige Unterschiede, die eine spezielle Betrachtung dieser Phänomene rechtfertigen. Ein häufig beachteter Umstand ist beim Doppelsuizid ein hoher Grad an sozialer Isolation, für welche der Begriff der »encapsulated unit« geprägt wurde (HEMPHILL u. THORNLEY 1969).

Diese »Isolation zu zweit« als maßgebende Dynamik ist insofern erstaunlich, als aus der Literatur bekannt ist, daß die Verfügbarkeit einer nahen Bezugsperson üblicherweise eine *suizidprotektive* Wirkung darstellt. HEMPHILL und THORNLEY (1969) halten fest, daß sich Beteiligte eines Doppelsuizides meist aufgrund äußerer ungewöhnlicher Umstände zu einer abgeschlossenen unflexiblen Einheit verbinden, die zum Substrat für das gesamte gesellschaftliche Leben, für den mitmenschlichen Kontakt und das soziale Netz wird. So entsteht eine gegenseitige Abhängigkeit, die jede äußere Bedrohung der Einheit zum auslösenden Moment des gemeinsamen Suizides werden lassen kann. Kritische Lebensereignisse wie beispielsweise Verschlechterung des gesundheitlichen Zustands oder Kündigung der Wohnung können besonders bei älteren Menschen zum Auslöser von Doppelsuizidhandlungen werden (METHA, MATHEW u. METHA 1978; NOYES, FRYE u. HARTFORD 1977). Obschon der Doppelsuizid in beidseitigem Einverständnis ausgeführt wird, ist meist einer der Partner *Induktor* der Tat. Dieser ist in den meisten Fällen auch der Tatausführende. Der Induktor ist gleichzeitig auch der dominante Partner in der Beziehung, der die aktivere Rolle innehat. ROSEN (1981) weist darauf hin, daß der dominante Partner befürchten muß, seine Macht in der Beziehung zu verlieren und in der Folge vom »schwächeren« Partner abhängig zu werden. Der Doppelsuizid kann dem dominanten Partner als Möglichkeit erscheinen, den Verlust der Macht und die Umkehr der Beziehungssituation zu vermeiden. Bei erweiterten Suiziden dagegen ist nicht selten die reale oder vermutete Untreue des Partners oder der Partnerin tatauslösendes Moment (BERGMAN 1979; ROSENBAUM 1983).

Im Gegensatz zum Einzelsuizid weisen der Doppelsuizid und der erweiterte Suizid eine andere Entwicklung der Aggressionsdynamik auf. Zwar kommt es ebenfalls zu einer Einengung und zu Insuffizienzgefühlen, aber neben autoaggressiven Tendenzen entwickeln sich auch heteroaggressive, welche die gleichzeitige Tötung des anderen und sich selbst ermöglichen (ZIESE 1968). Die heteroaggressiven Tendenzen richten sich dabei nicht auf ein als eigenständig erkanntes Gegenüber, sondern gegen die in den anderen projizierten eigenen Anteile, wie dies von BATTEGAY (1981) und GHYSBRECHT (1967) beschrieben wurde. Voraussetzung für diesen psychodynamischen Ablauf ist eine gewisse Fusionstendenz des »Täters«, die auf einer gestörten Selbst- und Objektrepräsentanz basiert, wie sie bei schwersten narzißtischen Neurosen, Borderlinestörungen und auch endogenen Depressionen vorkommt (BATTEGAY 1981). Ein typisches Beispiel für den erweiterten Suizid bei endogener Depression ist der Mutter-Kindsuizid. Dabei geschieht die Tötung des Kindes oft nicht aus bewußten aggressiven Tendenzen, sondern stellt ein »fürsorgliches Mitnehmen« des einverleibten Objekts dar. Die Möglichkeit des Ausagierens autoaggressiver Tendenzen ist beim Doppelsuizidanden wie auch bei »Tätern« erweiterter Suizide zwingend mit der gleichzeitigen Möglichkeit des Ausagierens heteroaggressiver Tendenzen verbunden.

In der Schweiz gibt es außer der erwähnten, neuen Studie von

PETRA ELSÄSSER (1993) nur noch eine weitere von HÖSLI-WIDMER (1950), welche 17 Fälle von Doppelsuiziden in den Jahren 1923–1948 im Raum Zürich erfaßte. Beim Vergleich dieser beiden Untersuchungen fällt auf, daß sowohl der Anteil der Ehepaare als auch das Durchschnittsalter in den Fällen aus Basel höher liegen. Während Ehepaare in Basel-Stadt 64% der Beteiligten ausmachen (ELSÄSSER 1993), sind in der Studie HÖSLI-WIDMERS (1950) die Ehepaare im Raum Zürich mit 24% beteiligt. Auch ist der größte Teil der Doppelsuizidpaare der Zürcher Studie höchstens 30 Jahre alt. Das Durchschnittsalter bei den Fällen von Basel-Stadt liegt hingegen deutlich höher: 54 Jahre bei den Männern und 52 Jahre bei den Frauen. Diese Unterschiede lassen sich wohl mit dem Wandel sozialer Strukturen erklären: Während in der ersten Hälfte dieses Jahrhunderts Doppelsuizide hauptsächlich von unverheirateten unter dreißigjährigen Paaren durchgeführt wurde, sind heute vor allem ältere Ehepaare betroffen. Einerseits ist das soziale Ansehen älterer Menschen – im Vergleich zur Zeit vor 50 Jahren – gesunken, andererseits sind gesellschaftliche Schranken gefallen, die heute Partnerschaften junger und geschiedener Paare erlauben. Heute sind jedoch Alter, soziale Isolierung, Krankheit und der reale oder drohende Austritt aus der Erwerbstätigkeit Faktoren, die den Doppelsuizid von Ehepaaren begünstigen beziehungsweise gewisse Risikofaktoren darstellen (ELSÄSSER 1993).

Vergleiche mit epidemiologischen Studien anderer Länder belegen den Einfluß kultureller Faktoren in bezug auf Häufigkeit und Durchführungsart von Doppelsuizid und erweitertem Suizid. In den westlichen Ländern wird der Doppelsuizid heute nicht von jungen Liebespaaren, sondern von älteren, vereinsamten und kranken Ehepaaren durchgeführt. Im asiatischen Raum ist die Häufigkeit des Doppelsuizides höher und wird vor allem von jungen Paaren und Paaren mittleren Alters begangen (OHARA 1963; OHARA u. REYNOLDS 1970; SATHYAVATHI 1975). OHARA mit REYNOLDS (1970) konnten nachweisen, daß der hohe Anteil junger Paare an der Gesamtzahl der Doppelsuizide und die große Häufigkeit von Doppelsuiziden in Japan mit dem kulturell bedingten Ansehen des Liebesdoppeltodes erklärbar sind.

Was treibt Menschen dazu, gemeinsam in den Tod zu gehen? Die Hintergründe und Motive des Doppelsuizides entsprechen weitgehend demjenigen von Einzelsuiziden: Existentielle Ängste und das Gefühl der Sinnlosigkeit des Lebens können eine ausschlaggebende Rolle spielen. Beim Doppelsuizid kann auch die Empfindung der Sinnlosigkeit der gemeinsamen Beziehung hinzukommen sowie Fusionstendenzen, die sich im Glauben an eine ewige Vereinigung im Jenseits äußern können (GHYSBRECHT 1967; JASPERS 1932).

Während die theoretische Unterscheidung zwischen Doppelsuizid und erweitertem Suizid einfach ist, zeigt die klinische Erfahrung, daß beide Phänomene eng miteinander verbunden sind und oft schwer zu trennen sind. Ob im konkreten Einzelfall ein Doppelsuizid oder ein erweiterter Suizid vorliegt, kann nicht immer ohne weiteres festgestellt werden. Doppelsuizidhandlungen enden meist tödlich und Vorankündigungen sind selten. Eine gewaltsame Ausführung der Suizidhandlung (z.B. mit der Schußwaffe), der Verdacht auf eine Kurzschlußhandlung sowie das Vorhandensein eines Motivs (drohende Trennung, chronische Familienkonflikte) sprechen tendenziell für das Vorliegen eines erweiterten Suizides. Abschiedsbriefe werden dagegen häufiger bei Doppelsuiziden vorgefunden und können Aufschluß über das Einverständnis der Beteiligten geben (ELSÄSSER 1993).

Therapiemöglichkeiten Überlebender eines erweiterten Suizides oder eines Doppelsuizides wurden nie systematisch untersucht. In »Single-case-studies« hat sich folgendes Vorgehen als wirkungsvoll erwiesen: Bei Überlebenden eines Doppelsuizides oder eines erweiterten Suizides sollte mittels psychotherapeutischer Unterstützung (Durcharbeitung der Fusionstendenzen) die soziale Reintegration erreicht werden können. Eine allfällig antipsychotische oder antidepressive Pharmakotherapie ist ebenfalls angezeigt. Wichtiges Ziel der jeweiligen Therapie sollte die Entwicklung von neuen Lebens- und Problembewältigungsstrategien der Beteiligten sein (METHA, MATHEW u. METHA 1978; ROSENBAUM 1983; SALAMA u. WILSON 1982).

Aus psychoanalytischer Sicht liegt das Motiv des Doppelsuizides in ungelösten ödipalen Konflikten. Dabei kommt es zu einer Verbindung der Symbolebene Tod, Geburt und Geschlecht. In historischen Arbeiten gehen SADGER (1910, 1929) und JONES (1911, 1912) davon aus, daß das eigentliche Motiv des gemeinsamen Sterbens im Wunsch liegt, »gemeinsam schlafen und verkehren« zu wollen. Ursprünglich bezieht sich der Wunsch, mit einem anderen Menschen zu sterben, auf den im ödipalen Konflikt entstandenen Wunsch, mit der eigenen Mutter sexuell zu verkehren. Der Gleichstellung der beiden Wünsche, gemeinsam zu sterben und sexuell zu verkehren, liegt nach JONES die Annahme zugrunde, daß die Vorstellung des persönlichen Todes für das Unbewußte nicht existiere. JONES geht davon aus, daß das Unbewußte deshalb die Vorstellung des Todes mit der Vorstellung der sexuellen Vereinigung und derjenigen der Geburt gleichsetze beziehungsweise ersetze. Zum Tragen komme dieser Ersatz des Unbewußten, sobald »in Zeiten der Verzweiflung (Niederlage, schwere Krankheit, Schwächezustand, Herannahen des Todes und dergleichen) eine allgemeine Tendenz zur Flucht vor der Realität besteht.« JONES greift hier vor allem auf das von FREUD beschriebene, dem Realitätsprinzip entgegenstehende primäre Lustprinzip zurück, indem er annimmt, daß sich die Tendenz zur Flucht im Rückgriff auf das »primäre Denksystem«, also in der Regression, äußert. Meist setzt sich diese Regression in Form infantiler Wünsche durch, die sich auf die Mutter beziehen und in denen die Symbolebenen von Geschlecht, Geburt und Tod aufeinander ansprechen. In der Vorstellung, daß zwei Menschen, die gemeinsam in den Tod gehen, über ihr Grab hinaus vereint sind, verknüpfen sich die beiden Symbolebenen Tod und Geburt miteinander. So steht das Grab symbolisch für das Brautbett. SADGER belegt diese Interpretation mit HEINRICH VON KLEISTS Worten in dessen Abschiedsbrief an seine Halbschwester ULRIKE: »Ich kann Dir nicht leugnen, daß mir ihr Grab (gemeint ist das von HENRIETTE VOGEL) lieber ist, als die Betten aller Kaiserinnen der Welt«. JONES betont, daß der Tod die Bedeutung der erotischen Unersättlichkeit besitze, weil »Tote durch keinen Liebesexzess ermüdet werden können.« Psychoanalytisch läßt sich KLEISTS Tat als narzißtischer Wunsch nach Verschmelzung interpretieren. Nach VOLZ (1993, S. 285) beruht KLEISTS Verschmelzungstendenz auf einer fehlenden Internalisierung des »guten Mutterobjektes«. Für diese Interpretation sprechen die Briefe KLEISTS an HENRIETTE, denen zum einen das Hochzeitsmotiv und zum anderen infantile Wünsche zentrale Themen sind.

Diese Problematik von Liebe, Tod und Suizid, zeigt auch ein Gedicht auf, das in den Vorkriegsjahren in Ungarn häufig zu hören war: Es ist das ungarische Musikstück »Trauriger Sonntag« von Rezsö Seress, welches Suizidhandlungen im Gefolge gehabt – um nicht zu sagen, eine »Suizidepidemie« ausgelöst hatte. Besonders gefährdet waren jeweils Menschen, die zur Sentimentalität neigten und die damit suggestiven Einflüssen besonders ausgesetzt waren. Der Begriff der Sentimentalität im Sinn einer seelischen Fehlhaltung ist wissenschaftlich kaum untersucht worden. Pöldinger (1968, S. 16) hat darauf hingewiesen, daß die beste Definition dieses Begriffes nicht in der Fachliteratur zu finden sei, sondern in Heimito von Doderers Roman »Die Strudlhofstiege«: »Wenn die Vorliebe für ein Gefühl stärker wird als das Gefühl selbst, dann beginnt die Sentimentalität«. Das Lied wurde in den dreißiger Jahren unseres Jahrhunderts populär. Immer wenn das Lied im Radio ertönte oder bei größeren Veranstaltungen gesungen wurde, sind danach besonders viele Suizide vorgekommen. Die ungarische Regierung sah sich sogar veranlaßt, das Lied zu verbieten, so daß es in den darauffolgenden Jahren nicht mehr im Radio gespielt werden durfte (Zsigmond, persönliche Mitteilung 1986/87). Das Lied hat folgenden Wortlaut:

Am traurigen Sonntag mit hundert weißen Blumen,
erwarte ich Dich, meine Geliebte, mit inbrünstiger Anbetung.
An diesem sich mit Tränen jagenden Sonntagvormittag,
kam meine Trauer-(Hochzeits-)Kutsche ohne Dich zurück.

Seither ist traurig für mich jeder Sonntag!
Tränen sind mein Getränk,
Trauer mein Brot, – trauriger Sonntag!

Am letzten Sonntag komme doch meine Geliebte ...
Es werden Pfarrer, Sarg, Totenbahre mit Leichtuch dasein,
auch diesmal werden Dich Blumen erwarten,
Blumen mit Sarg ...

Unter blühenden Bäumen wird mein Weg den letzten Weg bedeuten.
Meine Augen werden offen sein, um Dich noch einmal zu sehen.
Hab aber keine Angst vor meinen Augen,
denn auch im Tode segne ich Dich, am letzten Sonntag.

Als klassisches historisches Beispiel eines Doppelsuizides möchte ich Stefan und Lotte Zweig erwähnen. Stefan Zweig wurde am 28.11.1881 in Wien als zweiter Sohn eines begüterten jüdischen Kaufmanns geboren. Schon als Gymnasiast interessierte er sich für Literatur und begann schon vor seinem 20. Lebensjahr in renommierten Zeitschriften zu publizieren. Nach einem Philosophiestudium dehnte er seine Reisen auch auf Länder außerhalb Europas aus und lebte als freier Schriftsteller, wobei er vor allem durch seine Novellen bekannt wurde, aber auch durch Essays und später durch seine Biographien. Er verheiratete sich nach dem Ersten Weltkrieg mit FRIDERIKE VON WINTERNITZ, die ebenfalls schriftstellerisch tätig war. ZWEIG hat periodisch an Depressionen gelitten. Er soll seine Frau zweimal aufgefordert haben, zusammen mit ihm in den Tod zu gehen, doch habe sie ihm versichert, daß sie zwar mit ihm bis ans Ende der Welt gehen würde, dort aber ihre Gefolgschaft enden werde. Schon 1934 flüchtete er wegen der politischen Lage nach London, emigrierte später in die USA und verbrachte die letzten Lebensmonate in Petropolis bei Rio de Janeiro. Kurz vor Ausbruch des Zweiten Weltkrieges trennte er sich von seiner Frau FRIDERIKE und heiratete 1939 seine 27 Jahre jüngere Sekretärin, LOTTE ALTMANN, eine fragile, ebenfalls zu Depressionen neigende, an Asthma bronchiale leidende Frau. Im Februar 1942 beging ZWEIG, zusammen mit seiner zweiten Frau, in Petropolis Suizid durch Einnahme einer Überdosis von Veronal, einem Barbiturat.

Während seines ganzen Lebens hatte sich ZWEIG in seinem Werk mit dem Suizid auseinandergesetzt. Seine eigene Problematik, die des alternden suizidalen Mannes, blendete er jedoch aus. Von seinen Suizidopfern ist keins älter als höchstens 45 Jahre. Aus seinem berühmten Gedicht, »Der Sechzigjährige dankt« geht deutlich hervor, daß er sein Leben mit 60 Jahren für abgeschlossen hält (HAENEL 1989 und 1995). Wenige Tage vor dem gemeinsamen Tod reiste das Ehepaar ZWEIG nach Rio zum Karneval. Am ersten Tag war STEFAN entspannt und fröhlich, zumindest schien er so. Tags darauf brach er den Aufenthalt in Rio abrupt ab und kehrte mit seiner Frau völlig erschüttert nach Petropolis zurück, nachdem er in der Zeitung vom Fall Singapurs gelesen hatte.

Obschon er bis zuletzt in sehr guten wirtschaftlichen Verhältnissen lebte, hatte er das verloren, was ihm früher teuer und lieb war: seine Bibliothek, seine Tagebücher, Manuskripte, die Autographensammlung und viele seiner Freunde. Sein selbstgewählter Wohnsitz war für ihn zwar ein unsicheres Paradies, das aber in um so größerem Gegensatz zu seiner verlorenen Welt stand, zur Welt von gestern. Er konnte es nicht verkraften, die alte Kultur zu verlieren: sein unsicheres, irdisches Paradies war auf die Länge nicht mehr auszuhalten, es stand in zu krassem Gegensatz zur Welt der Sicherheit von einst.

Warum aber ist ZWEIG zusammen mit seiner Frau in den Tod gegangen? Die Frage kann nur lückenhaft beantwortet werden und basiert auf Annahmen und indirekten Schlußfolgerungen. Sicher trifft die zuvor erwähnte »encapsulated unit« auch auf das Ehepaar ZWEIG zu: auch hier lag eine zu zweit erlebte Isolierung und Einsamkeit vor, die ausschließlichen Charakter hatte. Beim Zustandekommen dieser »encapsulated unit« müssen der Verlust nahestehender Personen durch Tod sowie Trennungserlebnisse berücksichtigt werden. Beides trifft auch hier zu: Manche Freunde und STEFAN nahestehende Menschen sind wenige Jahre zuvor verstorben, zum Beispiel seine Mutter, SIGMUND FREUD, den er hoch verehrt hat, und mit seinem besten Freund, ROMAIN ROLLAND, waren die Kontakte seit 1940 unterbrochen.

Es ist davon auszugehen, daß bei jedem Doppelsuizid – zumindest latente – Aggressionen gegenüber dem Partner vorhanden sind. Die Induktion kann auch als eine Form der Aggression interpretiert werden. Während es sich beim Induktor oft um eine narzißtisch gestörte Persönlichkeit handelt, der den Doppelsuizid zur Aufwertung seiner eigenen Person braucht, um einen scheinbaren narzißtischen Gewinn aus der Tat zu ziehen, ist die Persönlichkeit des Induzierten meist weniger bekannt. Sehr oft spielt der Mann die Rolle des Induktors, die Frau dagegen die Rolle der Induzierten. Menschen mit einer narzißtischen Persönlichkeitsstörung neigen bekanntlich zu Fusionstendenzen mit einem nahestehenden Objekt. Solche Fusionstendenzen können beim Entscheid für einen Doppelsuizid eine wesentliche Rolle spielen. Weitere Risikofaktoren, die allerdings unspezifisch sind und auch für Einzelsuizide zutreffen, sind höheres Alter, körperliche Erkrankungen sowie Depressionen. Für ZWEIG trifft das höhere Alter nur bedingt zu, objektiv zwar nicht, wohl aber subjektiv. Es ist bekannt, daß er sich mit sechzig Jahren alt fühlte und daß er sein Leben für abgeschlossen hielt. Depressionen spielen eine wesentliche Rolle bei beiden Partnern. Obschon er körperlich gesund war, muß berücksichtigt werden, daß seine Frau an hartnäckigem Asthma litt. Welche Gespräche zwischen beiden Ehepartnern betreffend des gemeinsamen Suizides vorausgegangen waren, entzieht sich unserer Kenntnis. Daß LOTTE erst nach anfänglichem Zögern und vielen Gesprächen zugestimmt haben soll, liegt nahe, gehört aber nicht zum gesicherten Wissen. GHYSBRECHT (1967) schreibt in seiner Arbeit über den Doppelsuizid:

»Die Begegnung mit dem anderen kann unerträglich werden, da dieser dem Ich einen Spiegel vorhält, worin ein Teil seines eigenen Ich wiedergegeben wird. Dieser Konflikt wird von dem Mann so stark empfunden, daß er zum Schluß sein eigenes Bild in seiner Geliebten zu vernichten strebt«.

Könnte dies auch, zumindest teilweise, auf STEFAN ZWEIG zutreffen?

Der Doppelsuizid kann auch als Aggression gegenüber seiner ebenfalls depressiven und hilflosen Frau verstanden werden. Vielleicht aber hätte ZWEIG durchaus den Mut aufgebracht, allein in den Tod zu gehen, wenn er nicht LOTTES Unfähigkeit, ihn zu überleben, erkannt hätte. Diese Aussage ist natürlich spekulativ, viele Fragen bleiben unbeantwortet, auch die Frage, ob »es« passiert wäre, wenn STEFAN noch mit FRIDERIKE verheiratet gewesen wäre.

FELIX BRAUN sagt von STEFAN ZWEIG, indem er auf die berühmte Schachnovelle anspielt: »Das Schachspiel, in dem er befangen war, ließ ihn einen achtlosen Zug nach dem anderen tun; und die Verzweiflung, die ihm lang über die Schulter gesehen, führte endlich die Hand, die nicht mehr das Opfer zurücknahm. Er begriff, daß er schachmatt war, oder vielmehr: er wähnte es zu sein. Der Dämon der Ungeduld war es, der das Spiel umstieß.«

MANFRED WOLFERSDORF

Der suizidgefährdete Mensch

Zur Diagnostik und Therapie

Kein Verhalten hat im Lauf der Menschheitsgeschichte eine
derart unterschiedliche Bewertung erfahren wie suizidales Denken und Handeln. Die *Bewertung* reicht von »Suizidalität als
Ausdruck größter Freiheit« bis zu »Suizidalität als Ausdruck
größter Einengung durch psychische Erkrankung«, von Selbsttötung als »sittlich hochstehende Tat« bis zu »verwerflich,
sünd- und schuldhaft«, von »gesellschaftlich gefordert« bis zu
»gesellschaftlich verwerfliches Verhalten« (siehe auch ESQUI-
ROL 1938; HENSELER 1974; FAUST und WOLFERSDORF 1983; HAE-
NEL und PÖLDINGER 1986; REIMER 1986; HAENEL 1989; WOLFERS-
DORF und MÄULEN 1992).

Die Haltung der Religionen war und ist unterschiedlich: Verbot des Suizids im Islam, Verbot des Suizids im jüdischen Tal-
mud (wobei jedoch die Selbsttötung des Soldaten, der in Fein-
desland fiel, Pflicht wurde), die fehlende Verurteilung oder
Bewertung suizidaler Handlungen im Alten und im Neuen Te-
stament (zum Beispiel Judas) oder die Negierung des Suizides
im Buddhismus oder Hinduismus. Die Position der christlichen
Kirchen hat sich über die Jahrhunderte hinweg von Verständnis
und Nicht-Verurteilung bis zur offiziellen Verurteilung des Suizides mit Verweigerung kirchlicher Bestattung und Exkom-
munion in Richtung des heutigen medizinischen Paradigmas
von Suizidalität gewandelt. Ausgehend von der Annahme, suizidale Handlungen geschehen in einem als krankhaft zu be-
zeichnenden psychischen Ausnahmezustand und damit nicht
in freier Verantwortlichkeit, wird heute ein kirchliches Begräb-
nis nicht mehr verweigert.

Ohne auf Philosophie und geschichtliche Entwicklung weiter
eingehen zu wollen, sei festgehalten, daß es das Phänomen *Sui-*

zidalität in allen Völkern, allen Kulturen, allen Gesellschafts-
formen, zu allen Zeiten in der Menschheitsgeschichte gegeben
hat. Die früheren Pole »gut versus böse«, »Sünde versus Pflicht«
scheinen heute durch die Aspekte »krank versus gesund«,
»Krankheit versus Freiheit« ersetzt worden zu sein. Etwa seit
Mitte des 19. Jahrhunderts, mit zunehmender Entwicklung der
Medizin und der Psychiatrie, wurde Suizidalität immer mehr im
Rahmen medizinischer Fragestellungen gesehen. Das frühere
religiöse Paradigma wird durch das medizinische Paradigma
von Suizidalität seit Anfang der 50er Jahre dieses Jahrhunderts
ersetzt, wie es unter dem Einfluß des Wiener Suizidforschers
und Psychiaters RINGEL (1953) mit dem Schlagwort »Selbstmord. Abschluß einer krankhaften psychischen Entwicklung«
definiert wurde. Dies führte zur vermehrten Aufmerksamkeit
von medizinisch-psychosozialer Versorgungs- und auch For-
schungsseite für den suizidalen Menschen. Vor dem Hintergrund dieser Entwicklung und in Erweiterung des ursprünglichen engen medizinischen Paradigmas wird Suizidalität heute
als *medizinisch-psychosoziale Fragestellung* mit den daraus ab-
leitbaren Notwendigkeiten und Angeboten begriffen.

Die Frage nach der Legitimation von Suizidprävention stellt
sich so nicht, sondern Suizidprävention wird zur Hilfeleistung
in psychosozialen Krisen und psychiatrischen Notfallsituatio-
nen, in denen direkt oder indirekt eine Hilfsaufforderung durch
den Betroffenen an professionelle oder semi-professionelle
Helfer ergeht. Hierauf besteht Anspruch, auch bei fehlender
Problem- oder Krankheitseinsicht des Betroffenen. Der heutige
Hilfs- und Behandlungsauftrag hat also Angebotscharakter und
bezieht sich auf die große Gruppe von Menschen in subjektiver
oder objektiver, real bestehender oder so erlebter Not, die ihre
Hilfsbedürftigkeit durch Zeichen zu verstehen geben. Dieses
Zeichensetzen wäre auch als Aufgabe von seiten des Betroffenen zu erwarten, nämlich als Bemühen, seine Not dem Umfeld
deutlich werden zu lassen, zu erkennen zu geben. Von helfe-
risch-therapeutischer Seite besteht die Aufgabe dann in einer
sensiblen Wahrnehmung, im Erkennen dieser Signale und in
der Übernahme der Verantwortung und der Respektierung
menschlicher Angemessenheit im Ergreifen von Verhütungs-
maßnahmen unter fürsorglicher Barmherzigkeit mit der Not des
Betroffenen. Suizidprävention und Krisenintervention beschäf-

tigen sich also mit den Menschen, die in ihrer psychophysischen und psychosozialen Not, mit Fehlen und Minderung freier Selbstverfügbarkeit Hilfe suchen. Hier erübrigt sich eine Diskussion um die Legitimation von Suizidprävention, denn es geht um einforderbare Hilfsangebote, nicht nur um das alleinige Verhüten des Sterbens im Sinn von »Suizidprävention als Zeitgewinn«. Es geht um das Angebot von Klärung und Fürsorge, Diagnostik und Therapie. In diesem Kontext gibt es auch keinen »Freitod«. Wenn es den sogenannten Freitod denn geben sollte, dann nicht in der großen Gruppe der notleidenden Menschen in Krise und Krankheit, die sich an das jeweilige Hilfssystem wenden.

Zwei große Gruppen von suizidgefährdeten Menschen müssen – hier etwas künstlich – unterschieden werden, nämlich
1. Menschen in sozialen Krisen und
2. Menschen mit psychischer Erkrankung.

Beiden ist medizinisch-psychiatrische, psychologisch-sozialpädagogische Hilfe zugänglich zu machen und für beide Gruppen besteht im Rahmen unseres Gesundheitssystems ein Versorgungsauftrag.

Was ist »Suizidalität«? Versuch einer Begriffsbestimmung

Eine Krankheit »Suizidalität« als medizinisch definierte Entität gibt es nicht. Suizidales Denken und Handeln ist grundsätzlich menschliches Verhalten, das es seit Anbeginn der Menschheit gibt. Es ist keine Krankheit per se, kommt aber erfahrungsgemäß meistens in psychosozialen Krisen und/oder bei psychischer Erkrankung vor: Die Hoffnungslosigkeit einer tiefen Depression, das Bedrohtheitsgefühl in einer schizophrenen Wahrnehmungsstörung, der noch bewußt erlebte drohende geistige Abbau in einer beginnenden Demenz, die ausweglos und hoffnungslos erscheinende soziale Situation eines chronisch arbeitslosen Aussiedlers und so weiter führen näher an die allgemein menschliche Möglichkeit einer vorzeitigen Beendigung des eigenen Lebens heran.

Versucht man *Suizidalität* zu definieren, so läßt sie sich am ehesten als Summe aller Denk- und Verhaltensweisen eines

Menschen oder einer Gruppe beschreiben, der beziehungsweise die im Denken oder Handeln, aktiv oder passiv durch Unterlassen oder Handelnlassen den eigenen Tod anstrebt beziehungsweise als eine Ausgangsmöglichkeit der Handlung in Kauf nimmt. Weitere Begriffsbestimmungen von Suizidalität sind in Tabelle 1 aufgeführt. HAENEL und PÖLDINGER (1986) haben als Suizidalität das Potential aller seelischer Kräfte, das auf Selbstvernichtung tendiert, definiert. Damit wird ein weites Spektrum von Denk- und Verhaltensweisen angesprochen, unter denen sich auch sogenanntes indirektes suizidales Verhalten oder chronisch selbstschädigende Verhaltensweisen oder auch der sogenannte stille Suizid alter Menschen, etwa durch Unterlassen ärztlicher Anweisungen, subsumieren lassen. Bis heute ist umstritten, ob chronische Selbstschädigung wie bei Suchtkrankheiten oder sogenanntes Freizeitrisikoverhalten zu Suizidalität im engeren Sinn gerechnet werden können (STEINERT,

Tabelle 1: Suizidalität: Begriffsbestimmung

Suizidalität meint die Summe aller Denk- und Verhaltensweisen von Menschen, die in Gedanken, durch aktives Handeln oder passives Unterlassen oder durch Handelnlassen den eigenen Tod anstreben oder ihn als mögliches Ergebnis einer Handlung in Kauf nehmen.

Suizidalität ist grundsätzlich allen Menschen möglich, tritt jedoch häufig in psychosozialen Krisen und bei psychischer Erkrankung auf (medizinisch-psychosoziales Paradigma).

Psychodynamisch ist *Suizidalität* ein komplexes Geschehen aus Bewertung der eigenen Person, der Wertigkeit in und von Beziehungen, der Einschätzung von eigener und anderer Zukunft sowie der Veränderbarkeit von Zustand (unter Umständen durch psychische und/oder körperliche Befindlichkeit) und verändertem Erleben.

Suizidalität ist dabei bewußtes Denken und Handeln und zielt auf ein äußeres oder inneres Objekt, eine Person, ein Lebenskonzept. Suizidales Verhalten will etwas verändern, den Anderen, die Umwelt, sich selbst in der Beziehung zur Umwelt.

Suizidalität ist meist kein Ausdruck von Freiheit und Wahlmöglichkeit, sondern von Einengung durch objektive und/oder subjektiv erlebte Not, durch psychische und/oder körperliche Befindlichkeit und deren Folgen.

Motivational spielen appellative, manipulativ-instrumentelle, altruistische sowie auto- und fremdaggressive Elemente eine Rolle.

FARBEROW 1994). Die Diskussion, was Risikoverhalten ist, eine Form von Suizidalität (z.B. S-Bahn-Surfen) oder eine bewußte, streng kontrollierte Verhaltensweise, bei der das Sterberisiko durch besondere Vorbereitungen so niedrig wie möglich gehalten wird, ist offen.

Das gesamte Spektrum von Suizidalität, wie Betroffene es schildern, ist in Tabelle 2 aufgelistet. Es umfaßt Wünsche nach Ruhe und Unterbrechung im Leben, konkrete Suizidideen und -absichten, was sich im Bereich des Denkens, Erwägens, Überlegens abspielt. Als suizidale Verhaltensweisen im engeren Sinn werden Suizide und Suizidversuche definiert. Suizid meint dabei die vorsätzliche, bewußt und absichtlich angestrebte, letztlich dann gelungene Selbsttötung eines Menschen durch eine entsprechend zielgerichtete Handlung oder durch die Unterlassung einer lebensrettenden Handlung, wobei Wissen, Überzeugung, Glaube des Handelnden, durch die angewandte Methode zu sterben und nicht sogenannte objektive Kriterien von Letalität und Ernsthaftigkeit des Todeswunsches entscheidend sind (meist intensiv-medizinische Kriterien oder Umfeld der Handlung). Letztendlich bestimmt die Auffassung des Handelnden über die Bedeutung seiner Handlung. Der Suizid ist vom Suizidversuch durch das Ergebnis getrennt: Suizid heißt, der Handelnde stirbt durch oder infolge seiner Handlung. Sui-

Tabelle 2: Suizidalität: Klinisch-pragmatische Einteilung

Wunsch nach Ruhe, Pause, Unterbrechung im Leben, evtl. mit »Gottesurteil«	»Zwanzig Stunden Schlaf, aufwachen und dann alles vorbei – und wenn ich nicht mehr aufwache, ist es auch recht«
Todeswunsch, in die Zukunft verlagerte Suizidalität	»Lieber tot sein als so weiterleben«
Suizidideen, Suizidphantasie ohne konkrete Absicht	»Ich könnte mich ja auch umbringen«
Suizidabsicht, einschließende Suizidimpulse	»Ich werde (muß) mich umbringen«
Suizidale Handlungen Suizidversuch (»Parasuizid«) Suizid	parasuizidale Handlungen, Suizidversuche im engeren Sinne.

zidversuch heißt, die suizidale Handlung wird, aus welchen Gründen auch immer, überlebt.

Mit dem neuerdings häufiger zu findenden Begriff *parasuizidale Handlung* sind solche selbstschädigenden Handlungen gemeint, die wie Suizidversuche aussehen, bei denen der Betroffene jedoch weiß, davon überzeugt ist oder daran glaubt, mit seiner Handlung zwar die Gefahr einer Selbstschädigung einzugehen, jedoch mit größter Wahrscheinlichkeit nicht daran zu sterben. Seine Intention ist eine andere als die von Suizid und Suizidversuch, nämlich die Notwendigkeit von Veränderung in seinem Leben anzuzeigen, wobei er Hilfe braucht und in seiner Absicht ernstgenommen werden muß. Denn geschieht diese Hilfe nicht, besteht die Gefahr der Wiederholung mit dem erhöhten Risiko der Selbsttötung. Der Mensch mit parasuizidalen Handlungen zeigt suizidales Verhalten, möchte aber leben, der Mensch mit einer suizidalen Handlung strebt direkt den Tod an, auch wenn er die Handlung überlebt.

Während die meisten Menschen Suizidideen, Todeswünsche oder Wünsche nach Unterbrechung in ihrem Leben irgendwann einmal haben, dies also zu den Möglichkeiten aller Menschen zählt, wird die erklärte Suizidabsicht, insbesondere wenn sie mit konkreteren Vorstellungen, mit einem erhöhten Handlungsdruck und einer Zielrichtung, tot sein zu wollen, einhergeht, Kennzeichen einer Gruppe von Menschen mit psychischer Störung beziehungsweise psychischer Erkrankung und von Menschen in psychosozialen Krisensituationen.

Zur Häufigkeit suizidalen Verhaltens

Aussagen zur Häufigkeit suizidalen Verhaltens setzen Dokumentationssysteme voraus und implizieren damit die bekannten Probleme, vor allem das der Dunkelziffern. In Deutschland werden nur Suizide, sofern sie als solche bekannt werden, registriert. Eine systematische Erfassung von Suizidversuchen geschieht, außer für bestimmte Forschungsschwerpunkte, nicht (SCHMIDTKE und WEINACKER 1994). Die Daten zur Suizidversuchshäufigkeit lassen sich so nur auf der Basis verschiedener Stichpunkt-Untersuchungen schätzen.

Grob betrachtet hat die Suizidrate etwa seit Mitte der 80er

Jahre sowohl in der Alt-Bundesrepublik als auch in den Ländern der ehemaligen DDR abgenommen, eine Beobachtung, die auch für eine Reihe ost- und südeuropäischer Länder gilt.

Tabelle 3: Suizide in Baden-Württemberg 1950–1993
(Quelle: Statistisches Landesamt Baden-Württemberg, Stuttgart)

Jahr	Insgesamt	Männlich	Weiblich
	Anzahl		
1950	1197	795	402
1955	1387	906	481
1960	1420	907	513
1965	1547	1059	488
1970	1778	1145	633
1975	1810	1210	600
1980	1843	1223	620
1985	1981	1388	593
1986	1861	1295	566
1987	1925	1289	636
1988	1799	1264	535
1989	1702	1170	532
1990	1738	1224	514
1991	1715	1206	509
1992	1705	1187	518
1993	1730	1243	487

Tabelle 4: Suizidraten 1991 in den einzelnen Ländern Deutschlands (auf 100.000 der Allgemeinbevölkerung; Quelle: Statistisches Bundesamt; nach SCHMIDTKE u. WEINACKER 1994)

	Männer insgesamt	>60 J	Frauen insgesamt	>60 J
Bayern	24.38	47.62	9.70	19.80
Baden-Württemberg	24.71	51.50	9.94	19.20
Brandenburg	33.53	71.51	11.29	30.98
Berlin	21.40	44.10	11.57	27.71
Bremen	30.47	60.88	14.91	25.33
Hamburg	26.26	47.86	14.88	30.16
Hessen	19.46	41.91	9.00	18.88
Mecklenburg-Vorpommern	32.37	66.31	10.61	25.17
Niedersachsen	24.45	50.23	10.78	23.76
Nordrhein-Westfalen	18.21	22.23	7.33	12.60
Rheinland-Pfalz	22.22	42.36	7.39	16.19
Saarland	19.02	25.87	8.81	8.96
Sachsen	42.68	88.87	19.92	44.18
Sachsen-Anhalt	37.27	55.38	10.73	22.21
Schleswig-Holstien	24.15	55.38	10.73	22.21
Thüringen	36.38	93.49	15.07	37.72

Beispielhaft seien die Suizidzahlen und -raten Baden-Württembergs in der Tabelle 3 aufgelistet. Zum einen zeigen sich hier sichtbar die Schwankungen über die Jahre seit 1950 bis einschließlich 1993, zum anderen wird die höhere Suizidrate der Männer im Vergleich zu den Frauen deutlich.

Mit zunehmendem Alter steigt die Suizidrate und sinkt die Suizidversuchsrate. Das Suizidproblem ist also besonders auch ein Problem der alten Menschen, was auch in Tabelle 4 gezeigt wird. Hier finden sich nicht nur die unterschiedlichen Suizidraten in einzelnen Ländern Deutschlands im Überblick

(SCHMIDTKE und WEINACKER 1994), sondern es sind auch die Suizidraten bei den jeweils 60jährigen aufgeführt.

Das Verhältnis Suizid zu Suizidversuch wird unterschiedlich geschätzt. Suizidversuche geschehen jedoch um ein Vielfaches häufiger als Suizide, wobei Suizidversuche auch häufiger vom weiblichen Geschlecht, Suizide häufiger vom männlichen Geschlecht durchgeführt werden. Die Suizidversuchsrate in der Alt-BRD (SCHMIDTKE und WEINACKER 1994) lag 1991 bei 119 auf 100.000 Frauen und 78 auf 100.000 Männer.

An Suizidmethoden dominiert dabei in Deutschland über alle Altersgruppen und beide Geschlechter hinweg das Sich-Erhängen (1991: 48% bei den Suizidenten von Männern, 34% von Frauen), gefolgt von Suiziden durch Vergiftung (Männer 22%, Frauen 28%) sowie Erschießen und Sturz aus der Höhe, vor den Zug oder einen PKW.

Nach BARRACLOUGH et al. (1974) waren 53% aller später durch Suizid verstorbenen Patienten in den letzten 30 Tagen bei ihrem Arzt; global kann man davon ausgehen, daß ein bis zwei Drittel aller späteren Suizidversuchspatienten in den letzten Wochen zuvor bei ihrem Hausarzt oder Nervenarzt waren und über mehr oder minder spezifische Beschwerden geklagt haben (METZGER und SCHNEIDER 1984). Eine hohe Suizidgefährdung weisen Patienten insbesondere nach Suizidversuch auf: Ca. 30% wiederholen ihren Suizidversuch in den nächsten 10 Jahren, die meisten davon innerhalb des ersten Jahres nach dem Index-Suizidversuch; ein Drittel und damit etwa 10% der Gesamtgruppe sterben am Rezidiv (WEDLER 1988).

Wie entsteht und entwickelt sich Suizidalität? Erklärungsmodelle suizidalen Verhaltens

Zwei Aspekte in der Entstehungs- und Entwicklungsgeschichte suizidalen Denkens und Verhaltens sollen angesprochen werden: Zum einen geht es um *ätiologische Modelle*, die Aussagen zu den Ursachen und zur aktuellen Auslösung suizidalen Verhaltens machen, zum anderen um *Entwicklungsmodelle* zur Suizidalität, die meist von einem Ereignis, einem Zustand, einer Situation ausgehen und das Fortschreiten und auch die Wechselwirkung zwischen verschiedenen Faktoren, zum Beispiel

Suizidalität fördernden und Suizidalität bremsenden Ressourcen beschreiben.

Ätiologischen Modellen liegen Krisen und Krankheiten als ursächliche Faktoren zugrunde. Zu den *Entwicklungsmodellen* lassen sich soziologische Ansätze zählen, beispielsweise das Anomie-Konzept nach DURKHEIM (1897) oder das lerntheoretische Modell (z.b. SCHMIDTKE 1988), sowie die phänomenologisch-psychiatrischen Beschreibungen, wie sie im »präsuizidalen Syndrom« nach RINGEL (1953) oder in den »Stadien der suizidalen Entwicklung« nach PÖLDINGER (1968) zu finden sind.

Das *Krisenmodell* geht von einer bisher psychisch unauffälligen (psychisch gesunden) Persönlichkeit aus, die mit ihren eigenen Bewältigungsstrategien bisherige Lebensereignisse und Belastungen, auch unter Einsatz äußerer Hilfen, hat meistern können. Man kann jedoch unterstellen, daß in der Lebensgeschichte dieser Personen selbstdestruktive Stile der Konfliktbewältigung, depressive Attributionsstile, Neigung zur Selbstentwertung, Gefühle von existentieller Lebensunfähigkeit vorliegen, ohne daß dies Krankheitswert erreicht hat oder auch Modelle für suizidales Verhalten in der Familie oder im näheren Umfeld gegeben sind. Kommt es zu einem Lebensereignis (Auslöser), das mit den bisherigen Strategien nicht mehr zu bewältigen ist, versagen oder fehlen zusätzlich auch die äußeren Ressourcen, so entwickelt sich ein innerer Spannungszustand, der mit einer Symptomatik einhergeht wie Einengung der Gedanken auf die Problematik, Störung der Wahrnehmung anderer Aspekte, Unfähigkeit zu kritisch-distanzierender Bewertung, Gefühle von Depressivität, ängstlich-dysphorische Stimmung, Gefühle von Hilflosigkeit und Hoffnungslosigkeit, gereizt-ängstliche Anspannung, körperliche Unruhe, Schlafstörungen, Herzklopfen, Appetitstörungen, Angst vor Kontrollverlust und so weiter. Die Suizididee rückt dann als eine der Möglichkeiten, Spannungen abzuführen und »aus dem Feld zu gehen« näher (Abb. 1).

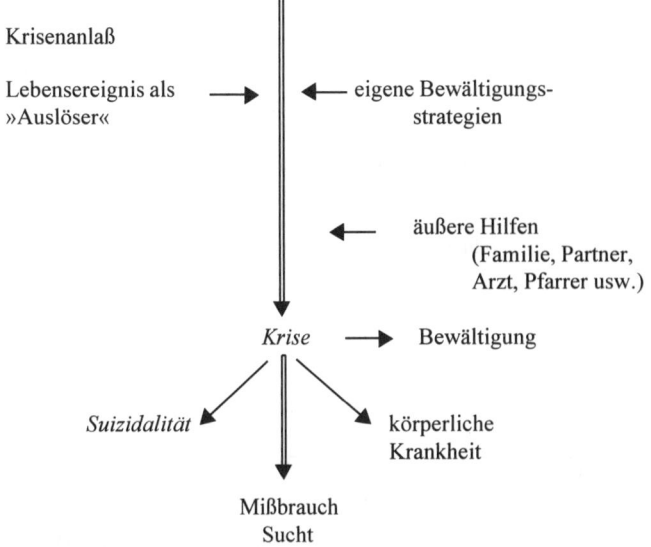

Krisenanlaß

Lebensereignis als ⟶   ⟵ eigene Bewältigungs-
»Auslöser«   strategien

                              ⟵ äußere Hilfen
                                  (Familie, Partner,
                                  Arzt, Pfarrer usw.)

            Krise ⟶ Bewältigung

Suizidalität ↙   ↘ körperliche
                              Krankheit

            Mißbrauch
            Sucht

Abbildung 1: Krise und Entwicklung von Suizidalität

CAPLAN (1964) beziehungsweise CULLBERG (1978) haben hier *Veränderungskrisen* von *traumatischen Krisen* unterschieden, wobei zu ersteren notwendige Entwicklungsschritte biologischer und psychologischer Art im Leben zählen (Verlassen des Elternhauses, Pensionierung, Klimakterium, Schwangerschaft u.ä.), zu letzteren traumatische Ereignisse (Unfall, Katastrophen, Entführung, Geiselnahme etc.) mit unerwartetem Einbruch (SONNECK 1982). HENSELER (1974) und REIMER (1985) haben suizidales Verhalten als Ausdruck einer *narzißtischen Krise* beschrieben, in der eine in ihrem Selbstwertgefühl instabile Persönlichkeit insbesondere bei Beziehungsbedrohungen und bei Gefährdung des eigenen Wertgefühls suizidal reagiert. Ursächlich wird eine gestörte Selbstwertentwicklung mit einer entsprechenden Partnerwahl und/oder Berufswahl mit dem Ziel der Stabilisierung des eigenen Selbstwertgefühls zugrunde gelegt. Das Modell der narzißtischen Krise läßt sich nicht nur bei Suizidalität im Rahmen von Beziehungsstörungen und entsprechender Beziehungsgestaltung anwenden, sondern bei allen suizidalen Krisen, bei denen es um die Bedrohung des Wertgefühls eines Menschen geht.

Das *Krankheitsmodell* von Suizidalität leitet sich von der Beobachtung ab, daß bei einem Großteil der durch Suizid verstorbenen Menschen zum Zeitpunkt ihrer suizidalen Handlung eine psychische Krankheit, am häufigsten eine Depression vorlag

Tabelle 5: Suizide im Raum Ravensburg/Oberschwaben; Psychische Krankheiten (ICD-9) (Mehrfachdiagnosen pro Suizid möglich) nach retrospektiver Diagnose bzw. Arztbrief (N gesamt = 454, Männer N = 326, Frauen N = 128) (WOLFERSDORF und MÄULEN 1992)

	Männer N	Männer %	Frauen N	Frauen %	gesamt N	gesamt %
Depression	196	60	104	81	300	66
Schizophrenie	23	7	11	9	34	8
Persönlichkeitsstörung	60	18	5	4	65	14
Neurosen	17	5	6	5	23	5
Alkoholismus	117	36	12	9	129	28
Sucht Rauschdrogen	3	1	0	0	3	1
Sucht Medikamente	6	2	10	8	16	4
keine psychiatrische Diagnose gestellt/stellbar					54	11

(WOLFERSDORF 1989, WOLFERSDORF und MÄULEN 1992). In Tabelle 5 ist ein Überblick zu psychischen Erkrankungen gegeben, die bei 454 im oberschwäbischen Raum durch Suizid verstorbenen Menschen gefunden wurden.

Nach einer Literaturzusammenstellung (WOLFERSDORF und MÄULEN 1992) zur Häufigkeit bestimmter Diagnosegruppen beim Suizid in der Allgemeinbevölkerung sowie die Suizidmortalität im Krankheitsverlauf ist die *Depression* die führende Hochrisikogruppe, gefolgt von Alkoholismus und Schizophrenie. Weitere Befunde, die für eine »Impulskontrollstörung« als zum Suizid disponierenden Aspekt sprechen, waren beispielsweise Störungen im Bereich des zerebralen Serotin-Stoffwechsels (CSF-5-HT-Defizit-Hypothese). Auch andere periphere

100

Marker wurden gefunden, etwa eine gestörte psychophysiologische Hyporeaktivität in der elektrodermalen Aktivität (z.B. EDMAN et al. 1986, WOLFERSDORF et al. 1993, 1994), deren Störung ebenfalls im Zusammenhang mit zentralen Störungen im Bereich der Steuerung von Hautleitfähigkeit und damit auch Aktivität von Schweißdrüsen gesehen wird. Sodann werden genetische Störungen im Cholesterin-Stoffwechsel, Folsäure-Defizite u.ä. als periphere Marker beziehungsweise als biologische Faktoren für Impulskontrollstörung diskutiert.

Der hohe Zusammenhang zwischen Suizid und psychischer Erkrankung legitimiert, suizidales Verhalten hier als Denken und Handeln zu bezeichnen, das von der Erkrankung mitbestimmt ist. Dies gilt insbesondere immer dann, wenn ein direkter Zusammenhang zwischen suizidalem Handeln und – im Rahmen einer Depression oder Schizophrenie – gestörter Wahrnehmung, Erlebnisweise des Umfeldes und der eigenen Person besteht. Dies trifft zum Beispiel bei Suizidalität in der wahnhaften Depression zu, bei angstgetönten Verfolgungsideen oder zum Suizid auffordernden Halluzinationen akustischer Art in der Schizophrenie, bei unerträglichen Ich-Störungen mit dem Gefühl des Gesteuert-, Gemacht-, des Bedrohtwerdens, der Desintegration des Ich, wobei Hoffnungslosigkeit, Angst und Panik jeweils eine große Rolle spielen.

In einer eigenen Studie zum Suizid im oberschwäbischen Raum (WOLFERSDORF et al. 1992) fanden sich an psychopathologischen Auffälligkeiten im präsuizidalen Zeitraum bei 479 durch Suizid verstorbenen Männern und Frauen am häufigsten eine beginnende depressive Episode (36%), eine abklingende Depression (27%), Klagen über Minderwertigkeit (34%), Äußerungen über die Aussichtslosigkeit des Lebens (32%). Über den geplanten Suizid wurde von 34% häufig gesprochen, wobei 46% sich gegenüber mehreren Personen und weitere 26% sich nur gegenüber dem Partner geäußert hatten.

Bei den in Richtung Suizid angelegten Entwicklungen ist insbesondere das *präsuizidale Syndrom* (nach RINGEL 1953) zu nennen. Damit versuchte RINGEL, retrospektiv die präsuizidale Dynamik eines Menschen zu beschreiben, die in einen Suizidversuch mündet. Am wichtigsten ist hier der Begriff *Einengung*, der bedeutet, situativ, dynamisch, zwischenmenschlich und in bezug auf die Wertwelt sich wie in einem immer enger werdenden Trichter oder Kanal auf eine suizidale Handlung als Endlösung hin zu bewegen. Hiermit wird der zunehmende Verlust, passiv erlitten oder auch aktiv selbst herbeigeführt, von inneren und äußeren Ressourcen benannt: Situative Einengung meint den Verlust äußerer Ressourcen; dynamische Einengung bezieht sich auf eine stagnierende innerpsychische Entwicklung eines Individuums. Hierzu gehören auch die zunehmende Hoffnungslosigkeit und Hilflosigkeit, die Perspektivenlosigkeit in einer Depression, die Einschränkung auf depressive und hoffnungslose Assoziationen und Kognitionen, die Entwicklung paranoiden Denkens und ängstlicher Gestimmtheit mit Rückzug aus allen zwischenmenschlichen Beziehungen, die damit ihren Wert verlieren, nicht mehr lebenserhaltend sind, nicht mehr bindend sind, keine subjektive Bedeutung mehr haben. Derartige Entwicklungen finden sich nicht nur bei psychisch Kranken – prototypisch bei jedem depressiv kranken Menschen –, sondern auch bei Menschen mit chronischer Arbeitslosigkeit, in Isolation lebenden Ausländern, Übersiedlern, Aussiedlern, sich in Isolation befindenden Partnern innerhalb von Beziehungen, sodann bei körperlich kranken Menschen im höheren Lebensalter, bei Menschen, die verwitwet und vereinsamt sind und so weiter.

Die Stadien der suizidalen Entwicklung wurden von PÖLDINGER (1968) beschrieben: *Erwägung, Ambivalenz* und *Entschluß*. Das Stadium der Ambivalenz ist unter therapeutischen Gesichtspunkten besonders wesentlich, da hier Hilferufe und Ankündigungen geschehen. Der ambivalente Patient, der in sich zwei unterschiedliche Triebimpulse empfindet, nämlich sich zu töten, weil er so nicht weiterleben kann, und zu versuchen, am Leben zu bleiben, weil er eigentlich nicht sterben möchte, setzt hier Zeichen und Appelle, die ernst genommen, offen, aufmerksam nachgefragt werden müssen. Hier gibt nämlich der Suizident möglicherweise die letzte Information und damit die Chance, ihn in seiner suizidalen Not zu erkennen und ihm Hilfe anzubieten. Leider läuft er hier auch oft Gefahr, nicht ernst genommen zu werden in dem Sinne, wer davon spreche, tue es doch nicht, oder er läuft Gefahr, überhaupt nicht verstanden zu werden.

In diesem Zusammenhang sei auch auf die Motivstruktur der suizidalen Handlung hingewiesen, wie sie zum Beispiel LINDEN (1969) oder HENSELER (1974) beschrieben haben. In jeder suizidalen Handlung sind *appellative Aspekte* enthalten, die häufig Gefahr laufen, nicht ernstgenommen zu werden. Formulierungen wie »demonstrativer« oder »erpresserischer« Suizidversuch oder Äußerungen wie »bellende Hunde beißen nicht« mißachten den Notcharakter des appellativen Teils und unterstellen »böse Absichten«, wo es um letzte Hinweise auf Hilfsbedürftigkeit geht. In diesem Ambivalenzstadium hat sich der Patient noch nicht in die eingeengte innere Isolation zurückgezogen, ist noch in der Lage, auf psychosoziale Reize, auf Hilfe von außen zu reagieren, eine Entscheidung ist noch nicht gefallen und es kann noch hilfreich eingegriffen werden. Verstummt der Patient, ist höchste Gefahr geboten, da keiner über die Richtung der Entscheidung Bescheid weiß. Besonders Ärzte neigen zu derartigen Klassifikationen von suizidalen Handlungen, die sich nach der sogenannten klinisch-objektiven Schwere und Lebensgefährdung richten. Oft hat nur der Patient nach einem Suizidversuch eine Chance, ernstgenommen zu werden, dessen Selbsttötungsversuch beeindruckend deutlich ausgefallen ist und um dessen Rettung man sich intensivmedizinisch bemühen mußte. In dieser Situation entgeht dem Arzt, daß suizidale Appelle und Suizidversuche, ja parasuizidale Handlungen gleichermaßen unabhängig von der Schwere, mit der sie ausgeführt wurden, immer Hilflosigkeit ausdrücken, mit einer gegebenen, eben innerlich lebensbedrohlichen Notsituation nicht mehr zurechtzukommen. Der Arzt übersieht leicht, daß diese Appelle Signalcharakter haben, daß der Betreffende in einer Krise lebt, in der er mit eigenen Mitteln nicht mehr weiter weiß und daher auf Hilfe angewiesen ist. Es geht hier nicht um die Zielrichtung der appellativen suizidalen Handlungen, denn diese streben in erster Linie Veränderungen im Leben an, sondern es geht darum, daß ein Mensch keine andere Möglichkeit weiß, auf sich und seine Schwierigkeiten, seine Krise, seine Not aufmerksam zu machen, als zu selbstgefährdenden Handlungsweisen zu greifen. Die Zurückweisung derartiger Suizidversuche und das Mißverständnis als »demonstrativ« wird dann dazu führen, daß der Suizident sich nicht verstanden fühlt, beim nächsten Mal eben keine derartigen Appelle mehr setzt, vielleicht die Suizidmethode wechselt und dann, obwohl anfänglich nicht intendiert, im Rezidiv stirbt. Der Patient nach Suizidversuch dagegen, der aggressiv abwehrt und seine Freude darüber nicht äußert, gerettet worden zu sein, sich also nicht dankbar verhält, verführt zum aggressiven Reagieren mit rascher Entlassung aus der Klinik, mit Unterlassung von Nachsorgeangeboten, mit Abwertung und Zurückweisung. Aber hier wäre es erstrebenswert, dieses Agieren als auf eine andere, dem Patienten bedeutsame und ihn kränkende Person gerichtet zu sehen.

In der Abbildung 2 ist ein Modell suizidaler Dynamik abschließend eingebracht, welches auch das soziokulturelle Umfeld, also zum Beispiel eine suizidpermissive Einstellung, wie man es bei manchen Völkern findet, und die dazwischen liegenden Entwicklungsschritte miteinbezieht. Die jeweiligen Werteausrichtungen in einer Umwelt, die Atmosphäre des soziokulturellen Umfeldes modulieren die Nähe und Bereitschaft zu suizidalem Verhalten bei den jeweiligen Menschen. Impulskontrolle wird nicht nur biologisch mitgegeben vermittelt, sondern auch im jeweiligen soziokulturellen und im engsten Umfeld der Familie erlernt und gestaltet. Hier spielen orientierende Werte (vgl. das »Anomie-Konzept« von Suizidalität bei DURKHEIM 1897), Hoffnungslosigkeit oder aber Erwartung von Veränderung in einer Gesellschaft, wie der Rückgang der Suizidraten in osteuropäischen Ländern nach Wegfall des Eisernen Vorhanges z.B. in Litauen, Estland, Ungarn, aber auch in den ehemaligen Ländern der DDR zeigt, eine die grundsätzliche Bereitschaft zu suizidalem Handeln modulierende Funktion. Früher wurden derartige Funktionen von den christlichen Religionen und dem relativ rigiden und mit Sünde belegten Verbot der Selbsttötung ausgeübt, heute können es gesamt-gesellschaftliche Erwartungen, Hoffnungen, Konzepte, Zukunftsorientierungen sein, die eine eher permissive oder aversive Einstellung zu suizidalen Handlungen fördern.

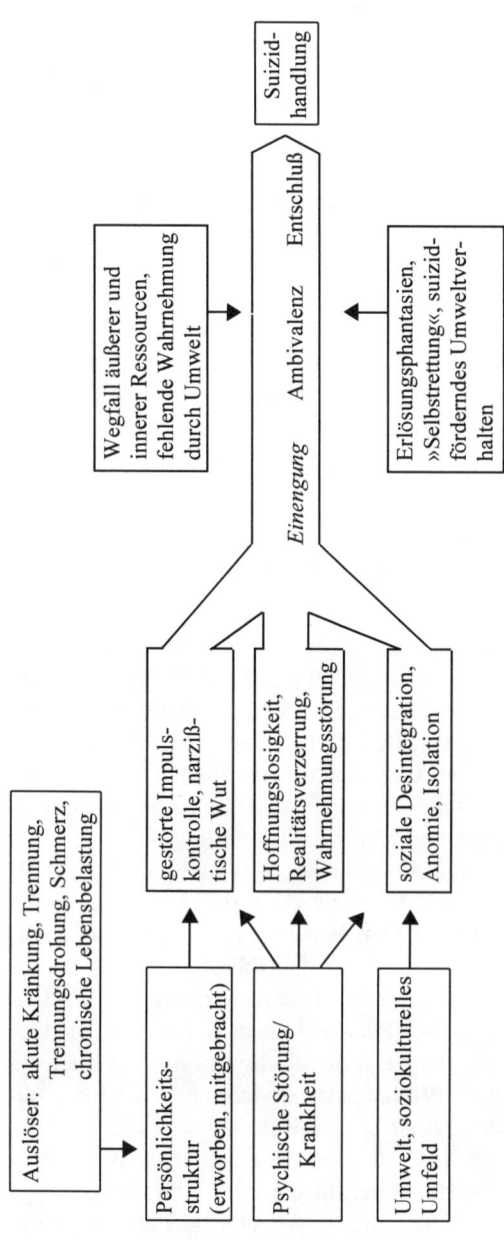

Abbildung 2: Modell suizidaler Dynamik

Grundzüge von Suizidprävention

Zuerst sei definiert, was unter *Suizidprävention* zu verstehen ist: Verhinderung von suizidaler Handlung und Suizid, Verhütung von Selbstschädigung und Tod; erste Hilfe in psychischer und psychosozialer Not (der suizidgefährdete Mensch ist ein »intensiv-pflichtiger« Mensch!); Zeitgewinn zu erneutem Überdenken mit Therapieangebot und Behandlung; Auflösung von Einengung und Klärung von Ambivalenz; Verringerung von Hoffnungslosigkeit und konkretes Krisenmanagement, konkreter Beistand, konkrete Hilfe und Planung des weiteren Vorgehens, Begleitung bei Trauer; Planung mittel- und langfristiger Therapie, Beziehungs- und Lebensplanung.

Jede Form von Suizidprävention und Krisenintervention in suizidalen Krisen beinhaltet folgende vier Aspekte:

1. *Diagnostik* der aktuellen Krisen- und Krankheitssituation, Diagnostik von Suizidalität,
2. *Handeln* und Management in der akuten Situation,
3. *Planung* der nächsten therapeutischen Schritte und
4. *langzeittherapeutische Aspekte.*

Zu jeder Krisenintervention gehört das *Erkennen von Suizidalität.* Um etwas erkennen zu können, wird vom Betroffenen Information benötigt und der Empfänger dieser Information sollte Sensibilität für den Betroffenen sowie Wissen um Gruppen mit einer erhöhten Gefährdung aufweisen. Die Eigenverantwortung des Menschen in einer suizidalen Krise besteht darin, Zeichen zu setzen, seine Suizidgefährdung offensichtlich zu machen, auch wenn dies in indirekter Weise geschieht. Eine direkte Information wäre beispielsweise die Äußerung, hoffnungslos, lebensmüde zu sein, es habe alles keinen Sinn mehr, man schaffe es nicht mehr. Natürlich gehört hierzu auch die direkte Äußerung, sich das Leben zu nehmen. Indirekte Suizidankündigungen können auch Abschluß einer Lebensversicherung sein, das Bedürfnis, lang anstehende Spannungen endlich zu klären, Streitigkeiten, Verhaltensveränderungen, Rückzug mit Gleichgültigkeit gegenüber der Umwelt und so weiter. Besonders schwierig ist das Erkennen von Suizidalität, wenn sie nicht offensichtlich durch Hinweise auf die eigene Hoffnungslosigkeit oder suizidale Gefährdung angedeutet oder gezeigt wird.

Bei dieser *nicht-offensichtlichen Suizidalität* ist der Diagnostiker beziehungsweise Therapeut dann auf sein Wissen um Risikopsychopathologie sowie sein Wissen um Risikogruppen angewiesen. Dazu gehören: depressive, suchtkranke, schizophren erkrankte Menschen; alte, vereinsamte Menschen; Menschen in schwierigen psychosozialen Lebenssituationen; Menschen mit lebensbeeinträchtigenden, lebensverkürzenden, chronisch schmerzhaften Erkrankungen; Menschen mit Suizidversuchen in der Vorgeschichte. Er sollte auch Zeichen eines präsuizidalen Syndroms nach RINGEL (1953), Zeichen eines Ambivalenz-Stadiums nach PÖLDINGER (1968) oder Risikopsychopathologie (WOLFERSDORF 1989a, b) erkennen können.

Manchmal ist man »ganz einfach auf sein Gefühl« angewiesen, welches über die Stabilität und suizidpräventive Wirksamkeit des Gesprächs und der weiteren Planung Auskunft gibt. Wenngleich dieses Gefühl nicht zuverlässig ist, da es im Sinn der Übertragungsdiagnostik natürlich als beeinflußt durch Gegenübertragungsempfindungen zu verstehen ist, spiegelt es dennoch eine Verunsicherung hinsichtlich der Stabilität der aktuellen therapeutischen Situation wider und sollte zumindest bezüglich dieses Effektes, den es beim Therapeuten hinterläßt, noch einmal hinterfragt werden. Eine *absolut sichere Diagnostik von Suizidalität gibt es dabei nicht*, sondern es handelt sich immer um die durch den Beurteiler und seine aktuelle Verfassung sowie seinen Wissensstand subjektiv gefärbte Abschätzung einer aktuellen Befindlichkeit und eines aktuellen Handlungsdrucks, verbunden mit einer *Kurzzeitprognose* bezüglich der akuten Wahrscheinlichkeit, ob ein Mensch unter den Bedingungen von Therapie und sichernder Fürsorge, im Rahmen der Betreuung von Angehörigen oder Freunden oder auch in einer ungeschützten Situation weiterhin versuchen wird, sich zu suizidieren, oder ob die aktuelle Suizidgefahr nach der Intervention (zum Beispiel am Ende des Gespräches mit einem Therapeuten) abgeklungen ist, Hoffnung auf Patientenseite vorliegt und er sich auf eine weitere therapeutische Allianz einlassen kann. Das Erkennen von Suizidalität und auch die Einschätzung des aktuellen Handlungsdrucks bezieht sich also immer auf die kurzzeitige, jetzt vorliegende Situation und somit auf einen relativ kurzen Zeitraum und soll nachfolgendes Handeln, Management der Krise und sichernde Fürsorge (ambulant oder stationär) zur Folge haben. In Tabelle 6 sind einige der wesentlichen Fragen aufgeführt, die im Rahmen eines ausführlichen Gesprächs über Suizidalität mit einem Patienten zu stellen und zu beantworten sind.

Tabelle 6: Fragen nach Suizidalität

- Suizidalität vorhanden?
- Frühere suizidale Krisen? Suizidversuche?
- In welcher Form? Todes- und Ruhewünsche, Suizidideen mit oder ohne Pläne, Suizidabsichten?
- Faktoren, die das Suizidrisiko erhöhen (Psychopathologie, Hoffnungslosigkeit, Wahn usw.)?
- Akuter Handlungsdruck jetzt? Verschiebbar in die Zukunft? Impulshaft?
- Hoffnungslosigkeit? Phantasien zum morgigen Tag, nächsten Monat? Nächstes Jahr?
- Faktoren, die am Leben halten, bindend sind? Externe Bindungen (Familie, Partner, Kinder; Schande usw.), Bindungen für sich (Glaube, Hoffnung auf Veränderung, usw.)?
- Zukunftsperspektiven entwickelbar? Entlastet durch Gespräch? Weitere Planung möglich? Zusagen bei Verschlechterung möglich?

Es sei darauf hingewiesen, daß dieses Fragen nicht durch testpsychologische Untersuchungen oder durch die Erhebung biologischer Marker ersetzt werden kann. Die einzige und immer noch relativ zuverlässige diagnostische Möglichkeit, Suizidalität anzusprechen, aufzudecken und den Patienten zu entlasten, ist das direkte, einfühlsame, offene Gespräch darüber, welches sowohl Fragen nach Suizidalität als auch Fragen hinsichtlich der Annahme von Hoffnung, des Verschiebens von suizidalem Handeln und der weiteren Perspektive enthält. Zwar sind Fragen über Phantasien nach dem nächsten Tag, dem nächsten Monat, dem nächsten Jahr durchaus in derartige Gespräche einzuführen und wichtige Kriterien für die Einschätzung des Ausmaßes von Hoffnung des Patienten, man muß sich jedoch deutlich machen, daß die Prävention von Suizidalität sich immer auf die aktuelle Situation bezieht und eine mittel- oder langfristige Prävention von Suizidalität ebenso wie die Prädiktion zukünftigen suizidalen Verhaltens aus der aktuellen Situation heraus nicht möglich ist. Zwar kann man sagen, daß die Zugehörigkeit zu einer Risikogruppe global das Risiko für suizidales Handeln erhöht, dies erlaubt jedoch im individuellen Fall nicht, einen Patienten von vornherein zum Beispiel wegen seiner Zugehörigkeit zu depressiv Kranken für suizidgefährdet zu erklären und ihn nach dem jeweiligen Unterbringungssatz gegen seinen Willen zu behandeln; es erlaubt allerdings auch nicht, einen Patienten für nicht-suizidal zu erklären und die Möglichkeit suizidales Verhalten in den kommenden Tagen, Wochen und Monaten oder Jahren völlig auszuschließen. Die oben angeführte Tatsache, daß von den schwer- und schwerstdepressiven Patienten bis zu 15% im Lauf ihres Lebens (bei Katamnesen von bis zu 40 Jahren!) durch Suizid sterben, sagt nichts über das Schicksal der individuellen Person aus und auch nichts über deren aktuelle Suizidgefährdung und zukünftige Wahrscheinlichkeit des Sterbens durch Suizidalität. In der suizidologischen Forschung gibt es letztendlich nur zwei Kriterien für eine Vorhersagbarkeit, nämlich die Tatsache, daß jemand bereits einen Suizidversuch durchgeführt hat sowie das Vorliegen von tiefer und ausgeprägter Hoffnungslosigkeit. Diese beiden Aspekte, ein bereits geschehenes suizidales Handeln und eine kognitive Einstellung, sofern sie überdauernd ist, scheinen gewisse prädiktorische Qualitäten zu haben, wobei der Stellenwert von Hoffnungslosigkeit umstritten, die Bedeutung von bereits stattgefundenem Suizidversuch durch die Erfahrung der Rezidivhäufigkeit sicher ist. Man kann also festhalten, daß sich ein Mensch mit bereits früher durchgeführtem Suizidversuch näher an der Wahrscheinlichkeit zukünftigen suizidalen Verhaltens befindet; ob er im individuellen Fall zu den Menschen mit wiederholtem Suizidversuch gehört, ist jedoch offen.

Aus der Verantwortlichkeit in der akuten Situation, die sich aus dem Gespräch mit einem hoffnungslosen, depressiven, geängstigten und suizidgefährdeten Menschen ergibt, gibt es »kein Entkommen«. Diese akute Handlung umfaßt die Klärung, was los ist, das Ernstnehmen von suizidalen Gedanken, Plänen etc. als Notsignal, offenes und direktes Nachfragen, Angebot von Gespräch, Planung des weiteren Vorgehens. Für die nächsten Schritte wird es dann wichtig, sich darüber klar zu werden, ob eine freundschaftliche oder hausärztliche Begleitung durch die Krise genügt und ob man das leisten kann. Wenn nein, muß geklärt werden, wer es dann leisten soll, ob die Zuziehung einer Fachkompetenz wie Psychiater, Psychologe, Sozialpsychiatrischer Dienst, Beratungsstelle, Psychiatrische Klinik notwendig sind, ob eine Einweisung in eine psychiatrische Klinik erforderlich ist, ob eine psychische Erkrankung im engeren Sinne vorliegt. Findet sich letzteres, ist immer der Psychiater hinzuzuziehen, notfalls ist auch eine Einweisung in eine psychiatrische Klinik vorzunehmen.

In der Tabelle 7 ist die Vorgehensweise bei einem Gesprächs- und Beziehungsangebot aufgezeigt. Fragen nach Suizidalität (s.o. Tab. 6) kann man von Ärzten, Psychologen, Sozialpädagogen, Krankenschwestern und -pflegern etc. erwarten, also von Menschen, die im Rahmen ihrer beruflichen Tätigkeit häufig mit Personen in schwierigen Lebenssituationen zu tun haben. Je mehr man durch seinen Beruf mit diesen Menschen zu tun hat, desto mehr wird man auf Krisen, psychische Auffälligkeiten, abweichendes Verhalten achten müssen. So sollte heute zu einem ausführlichen ärztlichen oder therapeutischen Gespräch neben den Fragen nach süchtigem Verhalten, nach Sexualität, nach Spiritualität grundsätzlich auch das Fragen nach Suizidalität gehören, insbesondere wenn es sich bei dem betroffenen Menschen um einen in einer schwierigen Lebenssituation und in einer psychischen Ausnahmesituation handelt.

Tabelle 7

Gesprächs- und Beziehungsangebot

- Zeit und Raum zur Verfügung stellen (Zuwendungsangebot)
- beruhigende Versicherung – Entspannung
- offenes, direktes, ernstnehmendes Ansprechen von Suizidalität (Diagnostik)
- ausführliches Besprechen und Vermeiden von Bagatellisierung oder Dramatisierung (Klärung und Distanzierung)
- Fragen nach bindenden Außenfaktoren (Familie, Kinder, Religion usw.) und inneren Faktoren (Hoffnung auf Hilfe, frühere Erfahrungen, Vertrauen, Religion usw.) – Stabilisierung
- Vermittlung von Hoffnung, Hilfe und Veränderungschance – Zukunftsorientierung
- Angebot für weitere Therapie (selbst oder Vermittlung) und Planung

So umfaßt die notfallpsychiatrische Intervention und Kriseninterventon bei Suizidalität immer die Aspekte der Herstellung einer Beziehung, Diagnostik von Suizidalität, Krise und

Krankheit, des Management der aktuellen Krise einschließlich Überlegungen zur sichernden Fürsorge und den Beginn von mittel- und längerfristiger Therapie: Psycho-, Psychopharmako- und Soziotherapie der Grundstörung. Auf einige wesentliche diagnostische Probleme wurde bereits hingewiesen: Aktuelle Suizidgefahr versus Prädiktion zukünftigen suizidalen Verhaltens; offener oder nicht-offener Patient (nicht-offensichtliche Suizidalität); Beurteilung akuter Suizidgefahr bei wiederholter suizidaler Ankündigung; psychotisch mitbestimmte Suizidalität bei Schizophrenen; Suizidalität unter Alkoholeinfluß, chronische Suizidalität, instrumentell-manipulative Suizidalität und anderes.

Tabelle 8 gibt einen Überblick zu heute bestehenden Versorgungs- und Hilfsangeboten.

Tabelle 8: Psychiatrische Notfall- und Krisenintervention
– Versorgungs- und Hilfsangebote –

- Hausärzte (Allgemeinarzt, Internist u.a. Nicht-Psychiater)
- niedergelassene Psychiater, Nervenärzte, Psychotherapeuten, Psychologen in eigener Praxis
- Telefonnotruf-Dienste, Telefonseelsorge (BRD), »Samaritans« (Großbritannien), »Die dargebotene Hand« (Schweiz) u.ä.
- ambulante nicht-psychiatrische Kriseninterventions-Einrichtungen (Psychologen, Sozialpädagogen, Soziologen, unbezahlte Mitarbeiter) wie »Arbeitskreis Leben« (Baden-Württemberg), »Die Arche« (München), »Neuhland« (Berlin), Suizidenten-Nachsorge (Ulm, Böblingen), Einrichtungen wie »Frauen helfen Frauen« u.ä.: psychosoziale Krisendienste, meist ohne psychiatrische Fachärzte für Menschen in suizidalen und anderen Krisen
- Psychiatrische Ambulanzen, Psychiatrische Polikliniken, Institutsambulanzen
- stationäre psychiatrische Krisenintervention (allgemein auf psychiatrischen Abteilungen, in Kliniken, speziellen Stationen), Krisenintervention speziell für Menschen nach Suizidversuch in Medizinischen Kliniken
- psychiatrischer Konsiliardienst, Liaisondienst

Ergebnis

Suizidales Verhalten ist allgemein menschliches Verhalten, das in einer Krisensituation und bei psychischer Erkrankung näher liegt. Hierzu gibt es Risikogruppen, die von depressiv kranken Menschen angeführt werden. Auch Suchtkranke, an einer Schizophrenie erkrankte Menschen, Menschen mit beeinträchtigenden, mit chronischen Schmerzen einhergehenden körperlichen Erkrankungen, mit verunstaltenden Erkrankungen sind gefährdet. Menschen, die alt, vereinsamt und krank sind, gehören ebenfalls zur Hochrisikogruppe, auch Menschen, die suizidales Verhalten und Suizidversuche bereits in der Vorgeschichte aufweisen. Suizidprävention zielt in erster Linie auf die Verhütung einer akuten suizidalen Handlung, wodurch Zeit und eine erneute Chance des Überdenkens und der intensiven Hilfe gewonnen werden soll.

ERIK WENGLEIN

Wie häufig sind Suizidale in psychosomatischen Kliniken?

Diagnostische Probleme

Die Frage, wie häufig suizidale Patienten in psychosomatischen und psychotherapeutischen Kliniken gesehen werden oder gar wie häufig sich Suizide während stationärer Psychotherapie oder nach der Entlassung ereignen, ist nicht einfach zu beantworten, da es keine Zahlen in der Literatur gibt, die sich hier vergleichen lassen. Die Frage, ob ein wahrscheinliches Ereignis selten oder häufig ist, prägt aber unsere diagnostische Wahrnehmung und Erwartungen auf diesem Gebiet.

Um zu einer Klärung dieser Probleme beizutragen, wurde an der psychosomatischen Klinik »Alpenblick« in Isny-Neutrauchburg vor einigen Jahren mit einer Studie begonnen, um herauszufinden, wie sich die absoluten Zahlen und Relativanteile suizidaler Patienten sowie generell die Suizidalitätsziffern in einem längeren Zeitraum (exakt innerhalb 11 Jahren von 1980 bis 1990) entwickelt haben. Ausgehend von den Entlassungsdiagnosen ließ sich nach Sichtung von 19.114 Krankenakten in einer ersten Pilotstudie zeigen, daß im Vergleich der Aufnahmejahre 1980 und 1990 die Zahl der im weitesten Sinn mit der Diagnose »Suizidalität« entlassenen Patienten nahezu um das vierfache zugenommen hat (von 0,6 auf 2,2%).

Die wahre Zahl aller suizidalen Patienten während stationärer Psychotherapie läßt sich allerdings nur in Annäherung wiedergeben: mit hoher Wahrscheinlichkeit ist ihre Zahl 5 bis 10 mal höher zu veranschlagen als die in den Entlassungsdiagnosen fixierten Angaben; sie läge mithin in einer Größenordnung von 10 bis 20% aller behandelten und entlassenen Patienten in unserer Klinik. Für diese Annahme sprechen auch einige in der Literatur genannte Zahlen, beispielsweise bei WOLFERSDORF und

METZGER 1988: Bei jedem 6. Patienten mit einer depressiven Störung muß mit einem Suizid gerechnet werden; bei einem Relativanteil von etwa 40 bis 60% depressiven Störungen in Psychotherapie-Kliniken resultiert mithin ein wahrscheinlicher Relativanteil von knapp 10% suizidalen Patienten, wobei hier Psychosen, Frühstörungen, Suchtpatienten und andere Hochrisiko-Gruppen noch nicht berücksichtigt wären.

In einer weiteren Pilotstudie wurden – um diese Zahlen für unsere Klinik zu untermauern – zum Vergleich alle Patienten eines Jahres (Oktober 1991 bis September 1992) der Abteilung Alpenblick II (die überwiegend mit Krankenkassen-Patienten belegt wird), daraufhin untersucht, ob – unabhängig von den Entlassungsdiagnosen – Angaben über Suizidalität vorlagen oder nicht. Diese Studie bestätigt noch einmal die Annahme einer weit höheren Zahl während stationärer Psychotherapie als suizidal diagnostizierter Patienten (25%). Der Faktor »Suizidalität« wird in den Entlassungsdiagnosen offenbar nur partiell repräsentiert – möglicherweise ungenügend, wenn man bedenkt, daß die Entlassungsdiagnosen unter anderem richtungweisend sein können für ambulante Therapien, die sich an die stationäre Behandlung anschließen.

In der Abbildung 1 zeigt sich eine Zunahme der absoluten Zahlen und Relativwerte für suizidale Patienten mit einem allmählichen Anstieg beginnend etwa Mitte der Gesamtperiode 1984/85 mit Erreichen eines Gipfels im Jahr 1987 und einem allmählichen Rückgang der Werte im letzten Drittel 1988 bis 1990, wobei die Ziffern allerdings nicht mehr das niedrige Niveau des 1. Drittels der Gesamtperiode 1980 bis 1983 erreichen. Der Anstieg der Suizidalen scheint dabei mit der Zunahme der Krankenkassen-Patienten zu kovariieren.

Eine zu Beginn unserer Untersuchung parallel gestartete Umfrage unter insgesamt 11 psychosomatischen Kliniken ergab eine relativ hohe Streubreite der geschätzten Prozentwerte für suizidale Patienten zwischen 0,25% für subakute (oder latente) Suizidalität und maximal 32,5% für die prozentuale Gesamtsuizidalität (letztere Ziffer erhielten wir unter Einschluß der als akut suizidal eingestuften Patienten). Es ist anzunehmen, daß die hohe Streubreite der prozentualen Angaben Rückschlüsse zuläßt einerseits auf die Selektion durch den Aufnahmemodus der jeweiligen Klinik, aber auch auf eine gewisse Unsicherheit hinsicht-

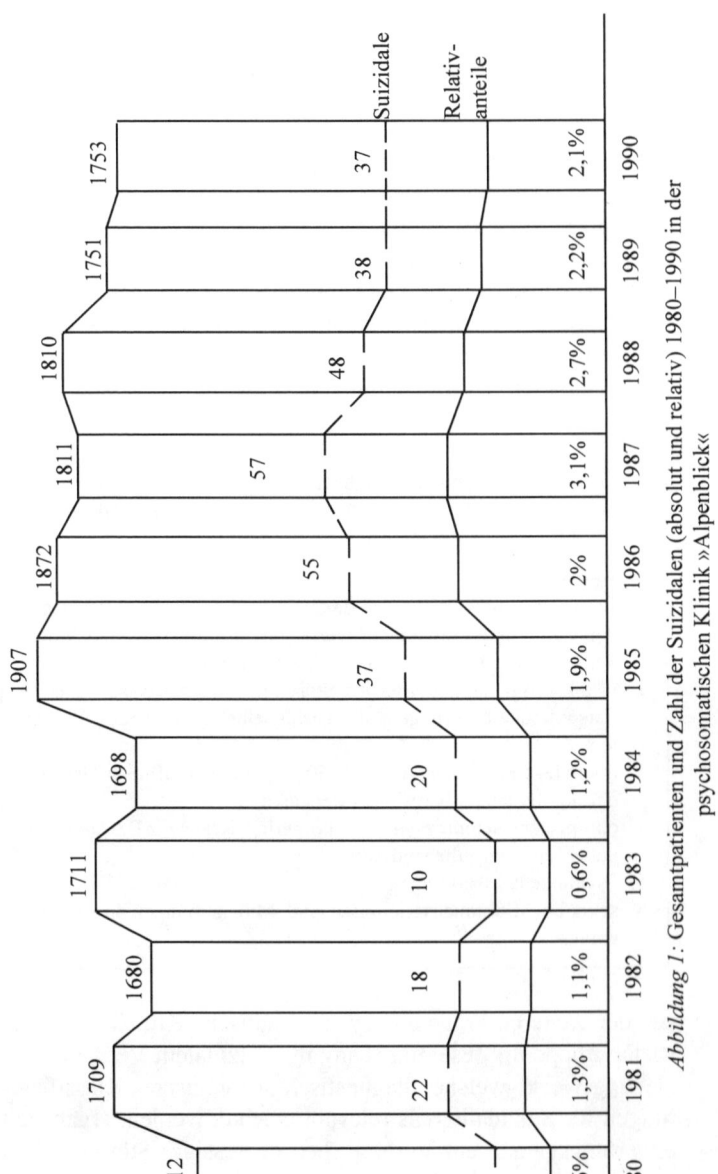

Abbildung 1: Gesamtpatienten und Zahl der Suizidalen (absolut und relativ) 1980–1990 in der psychosomatischen Klinik »Alpenblick«

lich der diagnostischen Erfassung beziehungsweise der Unschärfe des klinisch verwendeten Begriffs »latente« Suizidalität. Aber auch die prozentualen Anteile der laut Umfrage als akut suizidal eingeschätzten Patienten variierten sehr stark (von 0.6 bis 10%).

Die Diagnose »Suizidalität« wird andererseits oft schon deshalb nicht erfaßt, weil der ICD-9 Diagnosenschlüssel sie als unabhängiges Klassifikationsmerkmal nicht aufweist. Die scheinbar geringe Zahl suizidaler Patienten in psychosomatisch-psychotherapeutischen Kliniken könnte deshalb eine Art diagnostisches Artefakt darstellen, wenn man sich am herrschenden Klassifikationssystem orientiert und die diagnostische Angabe »Suizidalität« in der Entlassungsdiagnose vernachlässigt.

Tabelle 1: Übersicht über die diagnostisch-nosologische Klassifizierung suizidaler Patienten in psychosomatischen Kliniken (laut Umfrage) (keine Angaben: 1 Klinik)

1. Depressionen; vorwiegend depressives Syndrom, überwiegend depressiv und konversionsneurotisch strukturierte Persönlichkeitsanteile, Ängste vor Objekt-, Partnerverlust
2. »Frühstörungen«; Borderline-Störungen, depressiv-narzißtische Persönlichkeitsstörungen; chronisch-selbstschädigendes Verhalten
3. überwiegend Frauen (Alter 45–60 Jahre) bei beruflicher Überforderung, fehlender beruflicher Perspektive
4. chronisches Schmerzsyndrom, körperlich Kranke, z.B. Carcinompatienten in Nachbehandlung
5. Psychogene Eßstörungen
6. sexuelle Mißbrauchserlebnisse und Mißhandlungen in der Anamnese

Bei der weiteren Frage an psychosomatische Kliniken, welche Risikogruppe im Zusammenhang mit suizidalem Verhalten beziehungsweise welche diagnostisch-nosologische Klassifizierungen für Suizidalität als relevant erachtet werden, ergab sich erwartungsgemäß ein Vorherrschen depressiver Störungen, an zweiter Stelle wurden Patienten mit »Frühstörungen« genannt.

Interessanterweise fehlen in dieser Übersicht zwei in der Literatur wiederholt genannte Risikogruppen: Zum einen sind es psychotische Patienten, deren Anteil in psychosomatischen Kliniken allerdings im Schnitt unter 3% liegt; tatsächlich fanden sich auch in der von uns untersuchten Gruppe nur 2% Psychotiker: in beiden Fällen handelte es sich um relativ junge Männer um 35 Jahre, die unter einer paranoiden Psychose aus dem schizophrenen Formenkreis litten. Zum anderen ist es die Risikogruppe von Patienten mit Suchtmittelmißbrauch oder Abhängigkeiten. Zwar wird auch deren relative Häufigkeit in psychosomatischen Kliniken insgesamt mit Ziffern meist unter 3% angegeben, aber bei den von uns untersuchten suizidalen Patienten wurde bei mehr als einem Drittel (exakt 37%) eine Abhängigkeitsproblematik oder Mißbrauchsverhalten beschrieben. Sucht oder Suchtmittelmißbrauch zählten insgesamt zu den drei häufigsten Nebendiagnosen (an 2. oder 3. Stelle genannt), die bei Entlassung von uns erfaßt wurden.

Die Tabelle 2 zeigt Medikamentenmißbrauch oder -abhängigkeit mit 15% aller Nennungen und Alkoholabusus mit 13% unter den 10 häufigsten Entlassungsdiagnosen. Dieser Befund steht im Einklang mit Untersuchungen von TORHORST, VOGEL und HAF (1986) sowie MOTTO (1980) und WOLFERSDORF (1992).

Tabelle 2: Entlassungsdiagnosen (10 häufigsten Nennungen)

Neurotische Depression	62%
Latente Suizidalität	37%
Zustand nach Suizidversuch	32%
Längerdauernde depressive Reaktion	19%
Funktionelle muskuläre Verspannungen	19%
Psychogene Eßstörungen	18%
Chronische (Durch-)Schlafstörungen	16%
Chronische Suizidalität	15%
Medikamentenmißbrauch bzw. -abhängigkeit	15%
Alkoholabusus	13%

Prägt schon die erwartete Häufigkeit oder Seltenheit eines Syndroms unser diagnostisches Urteil und auch unsere klinische Erfahrung, so liegt eine weitere Schwierigkeit bei der diagnostischen Erfassung suizidaler Patienten darin, daß ein typisches suizidales Syndrom bekanntlich nicht existiert: unter den Angaben zur aktuellen Symptomatik bei Aufnahme (siehe Tabelle 3) gab es nur ein Symptom, das sich bei mehr als der Hälfte der aufgenommenen Patienten fand: Schlafstörungen in 60%; alle anderen Symptome lagen jeweils unter 50% der Nennungen – am häufigsten noch wurden mit 47% ein funktionelles cardiorespiratorisches Syndrom genannt sowie funktionelle Magen-Darmstörungen mit 45%; alle anderen Symptome lagen deutlich unter einem Anteil von jeweils einem Drittel der Nennungen, die meisten psychischen Symptome sogar unter 30%. Es imponiert also eine eher mosaikartige Vielfalt des klinischen Symptombildes, wobei insgesamt als körperlich apostrophierte Beschwerden nahezu genauso häufig vertreten waren wie psychische Symptome. Das depressiv-suizidale Syndrom erscheint

Tabelle 3: Aktuelle Symptomatik bei Aufnahme

Körperliche Symptome (10 häufigsten Angaben)

funktionell cardiorespiratorisches Syndrom	47%
funktionelle Magen-Darmstörungen	45%
funktionelle muskuläre Verspannungen	30%
Zyklusunregelmäßigkeiten, Dysmenorrhoe	29%
psychogene Eßstörungen	28%
Appetitstörungen	23%
Kopfschmerzsyndrome	23%
chronische Obstipation	15%
multiples, diffuses Schmerzsyndrom	14%
degenerative Gelenkbeschwerden	11%

Psychische Symptome (10 häufigsten Angaben)

Schlafstörungen	60%
depressive Verstimmungen	28%
Erschöpfungsgefühle	26%
soziale Isolierung	20%
innere Unruhe	18%
Lebensüberdrußgedanken	17%
Gereiztheit/latente Aggressivität	15%
Grübelzwänge	13%
Antriebs-/Lustlosigkeit	12%
(nächtliche) Angstträume	11%

insgesamt eher variabel, wobei die genaue Prüfung der anamnestischen Angaben ergab, daß körperliche, funktionelle und als psychosomatisch imponierende Beschwerden von den Patienten (und wohl auch von ihren Ärzten) meist 1 bis 2 Jahre eher registriert wurden als das Auftreten psychischer Beschwerden. Es ist anzunehmen, daß bei den körperlichen Beschwerden suizidaler Patienten eine höhere Chronifizierungstendenz besteht – möglicherweise als Ausdruck der Tatsache, daß diese Patienten ihre psychische Symptomatik längere Zeit verleugnen.

Der psychische Eindruck des suizidalen Patienten ist häufig richtungsweisend für das weitere diagnostische Vorgehen (siehe Tabelle 4): Auch hier imponiert eine Vielfalt der geschilderten Merkmale, die wiederum jeweils für sich betrachtet nur als diskrete Hinweiszeichen gelten können; in etwa jedem dritten Fall wurden die Patienten als unterschwellig aggressiv und zu innerem Kontaktabbruch tendierend beschrieben (wobei letzteres Merkmal sich möglicherweise im ursprünglichen Sinn FREUDS als Rückfluß der Libido auf das Subjekt verstehen läßt).

Zwar hatten nahezu ein Drittel der Patienten in der Vorgeschichte mindestens 2 Suizidversuche aufzuweisen (siehe Tabelle 5); nahezu jeder 5. Patient hatte sogar 3 bis 4 und mehr Suizidversuche verübt. Rechnet man den Zeitraum bis ein Jahr vor Klinikaufnahme zurück, so kommt man auf 43% Suizidversuche vor Klinikaufnahme. Andererseits lagen bei knapp der Hälfte (45%) aller Patienten prästationär keinerlei anamnestische Hinweise auf Suizidalität vor. Dieses Ergebnis läßt sich vergleichen mit einer Studie von WOLFERSDORF et al. (1989), nach der mindestens die Hälfte bis knapp zwei Drittel der Patienten im Zeitraum vor dem Suizid als unauffällig galten beziehungsweise nicht als offensichtlich suizidal erachtet worden waren; nur etwa jeder 2. Patient war bei stationärer Aufnahme für suizidal erachtet worden. Auch ROBINS hatte bereits 1985 festgestellt, daß bis zu 50% der suizidalen Patienten bei stationärer Aufnahme unauffällig waren.

Die Tatsache, daß von unausgewählten Suiziden nur etwa 20% vorher Suizidversuche verübt hatten (SEIDEL und KULAWIK 1970), verdeutlicht die Schwierigkeit, die bei der Identifikation von Suizidanten in psychotherapeutischen Kliniken oft entsteht: Der überwiegende Teil von ihnen war zu Lebzeiten nicht besonders auffällig oder hatte zumindest keine suizidalen Hand-

Tabelle 4: Psychischer Eindruck (10 häufigsten Angaben)

unterschwellige Aggressivität	38%
affektiv depressive Herabgestimmtheit	34%
innerer Kontaktabbruch/Distanziertheit	30%
Ängstlichkeit, Angst	26%
Selbstunsicherheit/Selbstzweifel	17%
leichte Kränkbarkeit/enttäuscht	17%
oral-passive Erwartungshaltung	16%
Gereiztheit/Verbitterung	15%
psychomotorische Unruhe	15%
Gehemmtheit im aggressiven Antriebsbereich	14%

Tabelle 5: Suizidanamnese

subakute (latente) Suizidalität	40%
chronische Suizidalität	10%
Suizidgedanken und -phantasien	
während stationärer Psychotherapie	38%

anamnestisch bekannte Suizidversuche:	55%
ein Suizidversuch in der Vorgeschichte	23%
zwei Suizidversuche in der Vorgeschichte	13%
drei Suizidversuche in der Vorgeschichte	12%
vier und mehr Suizidversuche	7%
Suizidversuche während stationärer Psychotherapie	10%

letzter Suizidversuch (vor Klinikaufnahme):	
weniger als ½ Jahr	31%
6 Monate bis 1 Jahr	12%
2–4 Jahre	16%
5–9 Jahre	21%
10 und mehr Jahre	14%

lungen begangen. Das von MÖLLER et al. (1985) herausgestellte Merkmal »früherer Suizidversuch«, das als bester Prädiktor für weiteres suizidales Verhalten gilt, wäre zumindest im Hinblick auf Kliniksuizide in einer psychosomatischen Klinik zu relativieren.

Bei den von uns untersuchten Patienten, die sich im Untersuchungszeitraum suizidierten, waren anamnestisch keine Suizidversuche in der Vorgeschichte bekannt, lediglich in einem Fall gab es familienanamnestische Hinweise – allerdings schwerwiegende: in diesem Fall begingen auch beide Eltern Suizid.

Mit anderen Worten: Diagnostische Schwierigkeiten bei der Differenzierung potentiell suizidaler Patienten von Kliniksuiziden unter stationären Psychotherapie-Bedingungen resultieren aus der Tatsache, daß man es mit zwei verschiedenen Risikogruppen zu tun hat, die sich zum Teil überlappen und derzeit nur mit relativer Sicherheit voneinander abgrenzen lassen. Unter den *Kliniksuiziden* fand sich ein deutliches Überwiegen der Männer, die meist älter waren als der Durchschnitt aller Suizidalen (jenseits des 45. Lebensjahres), überwiegend zur Somatisierung ihrer Konflikte neigten, von als nicht mehr kompensierbar erlebten Mehrfachverlusten (auf verschiedenen Erlebnisebenen) betroffen waren, über eine ausgeprägtere Krankheitsfurcht berichteten, die oft als unerträglich geschildert wurde. Bei diesen Patienten waren in der Regel keine Suizidversuche eruierbar – die Suizidgefährdung mußte als verdeckt angesehen werden, der Therapeut war auf indirekte Hinweiszeichen angewiesen. Man muß von interaktionsarmen oder pseudostabilen Formen der Suizidalität (nach KIND 1990) ausgehen. Im Gegensatz dazu waren die *stationär suizidalen* Patienten als Gesamt überwiegend weiblichen Geschlechts, jünger als der Durchschnitt aller Kliniksuizide, sowohl zu Somatisierungen als auch zu psychischer Konfliktverarbeitung neigend, wobei Verluste meist noch als kompensierbar erlebt wurden und eine geringere Krankheitsfurcht bestand. Bei der Hälfte waren anamnestisch Suizidversuche bekannt, die Suizidgefährdung hier mithin eher offen, so daß man von einer interaktionsreichen Form der Suizidalität sprechen kann.

Eine weitere Schwierigkeit bei der diagnostischen Erfassung suizidaler Patienten in der psychosomatischen Klinik ergibt sich aus der Berücksichtigung des Zeitfaktors: in 4 der 5 registrierten Fälle ereigneten sich die Suizide innerhalb der ersten beiden Wochen der stationären Therapie, zwischen dem 5. und 13. Kliniktag, zu einem Zeitpunkt also, da die therapeutische Beziehung oft noch relativ instabil und die diagnostische Unsicherheit noch relativ groß waren. Die Schwierigkeit für den Kliniker besteht also darin, bereits innerhalb der ersten Woche des Klinikaufenthalts eine ausreichend begründete Verdachtsdiagnose im Hinblick auf die zu erwartende Suizidalität stellen zu müssen. Vom Verlauf und von der Psychodynamik her betrachtet, läßt sich bei den von uns untersuchten Kliniksuizidenten annehmen, daß es sich um interaktionsarme oder pseudostabile Formen der Suizidalität handelte, wie sie von KIND (1990, 1992) beschrieben wurden und die schon deshalb oft nur schwer erkennbar sind, weil die Patienten sich unter Umständen mit Klinikeintritt bereits angeschickt haben, von der Ambivalenz in die Entschlußphase hinüberzuwechseln und prästationär bereits damit aufgehört hatten, direkt über ihre Suizidalität zu sprechen.

Nach meinen Erfahrungen sind in psychosomatischen Kliniken besonders solche Patienten gefährdet, die über den Verlust ihrer körperlichen Integrität verzweifelt sind, keine Aussicht auf Änderung ihrer Situation erkennen, zudem von als nicht mehr kompensierbar erlebten Mehrfachverlusten betroffen sind und über eine ausgeprägte Krankheitsfurcht berichten. Möglicherweise handelt es sich hier um Patienten, die über ein narzißtisch besetztes Körper-Ich-Ideal verfügen, das mit seiner Beschädigung vollständig entwertet erscheint.

Tabelle 6 zeigt ein Profil der 10 häufigsten Merkmale bei Patienten mit Kliniksuizid. Es könnte sein, daß sich diese Merkmale häufiger bei Patienten in psychosomatischen Kliniken finden, die gleichzeitig als suizidal gelten. Auch in der Literatur scheinen sich die gravierendsten Hinweise auf Suizidalität zu ergeben beim Faktor der Hoffnungs- und Perspektivlosigkeit – insbesondere im Hinblick auf als nicht mehr kompensierbar erlebte Mehrfachverluste auf verschiedenen Ebenen des Erlebens. Dies möglicherweise um so mehr, je ausgeprägter die Krankheitsfurcht des Patienten ist beziehungsweise je stärker die Überzeugung, schwerwiegend erkrankt zu sein und einen irreparablen Verlust der körperlichen Unversehrtheit zu erleiden.

Der Vergleich von Kliniksuiziden und stationär als suizidal eingestuften Patienten zeigt, daß der Therapeut durch eine anhand von Risiko-Indices geleiteten diagnostischen Fokussuche aus der Gesamtzahl der Suizidalen eine besonders gefährdete Gruppe gleichsam herausfiltern muß, wobei die Pathodynamik der Suizide sich anhand der Theorie der neurotischen Fehlverar-

Tabelle 6: Profil der Patienten mit Kliniksuizid (10 häufigsten Merkmale)

1. Personaler Verlust
2. Verlust der körperlichen Integrität
3. Lebensgefährdende bzw. als bedrohlich erlebte Erkrankungen
4. Mißbrauchsverhalten bzw. Abhängigkeiten
5. Perfektionistisch-zwanghaftes Leistungsstreben bzw. Angst vor Verlust narzißtischer Gratifikation durch Leistung und Arbeit
6. Depressiv strukturierte Persönlichkeit
7. Chronische Schlafstörungen
8. Neigung zu Abbrüchen/Weglauftendenzen
9. Schuld-/Schamproblematik
10. Operative Eingriffe oder Unfälle in der Vorgeschichte

beitung von Verlusten erklären läßt, wie sie für Depressive beschrieben wurde. Möglicherweise ist die »Verlust-Trias« von körperlicher Integrität, zwangsneurotisch-depressiven Kompensationsmöglichkeiten durch Leistung und Aktivität sowie auf personaler Ebene vor dem Hintergrund einer in ihren Abwehrleistungen geschwächten, weit regredierten depressiven Persönlichkeit eine besonders pathogene Kombination, die zu suizidalen Handlungen prädestiniert.

Eine andere diagnostische Schwierigkeit besteht darin, daß sich die Dauer der eigentlichen Suizidalität vor Aufnahme in die psychosomatische Klinik nicht immer exakt eruieren ließ. In der Hälfte der dokumentierten Fälle betrug sie bis maximal 1 Jahr, in der anderen Hälfte durchschnittlich 2 bis 4 Jahre. Auch diese Zahlen belegen die wahrscheinliche Annahme, daß es sich bei der von uns untersuchten Klientel zum Teil um schwerwiegend depressiv-suizidale Verläufe handelt, die chronische Verlaufsform zeigen und die in der Literatur mit einem erhöhten Mortalitätsrisiko behaftet sind.

Zum Abschluß einige kurze Ausführungen zur Therapie: Es liegt auf der Hand, daß diagnostische Unsicherheiten bei der Identifikation suizidaler Patienten auch zu Unsicherheiten führen können hinsichtlich der Formulierung eines ausreichend validen Therapiefokus. Es verwundert deshalb nicht, wenn sich klar umrissene Ziele der Psychotherapie bei suizidalen Patienten beziehungsweise ein als solcher ausdrücklich deklarierter Behandlungsfokus bei diesen Patienten nicht immer deutlich in den Therapieverläufen erkennen ließen. Das hängt damit zusammen, daß es sich zum Teil um extrem regredierte Patienten handelte, bei denen vorrangige Ziele deshalb als Krisenintervention und Vorbereitung auf eine aufdeckende Behandlung, zunächst Stützung, Stabilisierung und Wiederherstellung der Ich-Funktionen des Patienten (z.B. durch Verbesserung der Affektdifferenzierung und Binnenwahrnehmung) waren. Der Therapiefokus im engeren Sinn (nur in etwa einem Drittel der Fälle als solcher ausdrücklich registriert) umfaßte in erster Linie den Versuch der Klärung der aktuellen konflikthaften Beziehungen, Aufhebung der blockierten Trauer, Durcharbeitung von Trennungsambivalenzen und Klärung der Antinomie von Gefügigkeit und Aggression des Patienten. Ob diese therapeutischen Ziele und der jeweils gewählte Fokus als ausreichend erachtet werden können für eine effiziente antisuizidale Therapie, kann anhand der vorliegenden Daten nicht abschließend beurteilt werden. Es ist anzunehmen, daß eine Verbesserung der Fokusbildung auch zu besseren Therapieergebnissen beitragen könnte.

Noch ein Wort zu den Entlassungsdiagnosen: Bei den an erster Stelle aufgeführten Entlassungsdiagnosen überwiegen zwar eindeutig depressive Syndrome (vgl. Tabelle 2), aber weit häufiger als neurotisch Depressive (mit 62%) wurden unter den Entlassungsdiagnosen der von uns untersuchten suizidalen Patienten mit insgesamt 73% somatische Affektäquivalente beschrieben, wobei diese allerdings meist als Nebendiagnosen auftreten. Neben der großen Zahl depressiver Patienten zeigten sich in unserer Studie die auch in der Literatur beschriebenen unterschiedlichen Formen autoaggressiven Verhaltens und gefährlichen Agierens vor allem bei Patienten mit Frühstörungen und Psychosomatosen im engeren Sinn. Diese Gruppen zeigten in der Anamnese – ähnlich wie dies auch bei Süchtigen beschrieben wird – über längere Zeit Züge präsuizidaler Entwicklungen, so daß deren Suizidalität über längere Zeit oft nicht direkt erkennbar war oder protrahiert in die Suizidalität im engeren Sinn einmündete, sobald kompensatorische ich-stützende Mechanismen bei diesen Patienten versagten.

Auch in der Literatur wird unter den Faktoren, die das Suizidrisiko bei Depressiven erhöhen, unter anderem sekundäre

124

Depressionen bei körperlichen Krankheiten beschrieben. Bei solchen Patienten mit körperlichen Störungen (z.B. Psychosomatosen, neurologische Erkrankungen, Dialyse- oder AIDS-Patienten) sind häufig sekundäre Depressionen mit suizidalem Verhalten assoziiert (vgl. WOLFERSDORF und NIEHUS 1992).

Es ist von verschiedenen Autoren wiederholt davor gewarnt worden, depressive Zustandsbilder bei derartigen chronischen und lebensbedrohlichen Erkrankungen zu übersehen. Dies entspricht auch unserer klinischen Erfahrung: Patienten mit chronischen psychogenen und psychosomatischen Störungen sind nicht selten sowohl depressiv als auch suizidal. Neben einer längerdauernden körperlichen Erkrankung, auf die sich die diagnostische Aufmerksamkeit des Klinikers richtet, kann die relativ akute, kurzdauernde psychische Erkrankung oder krisenhafte Entwicklung übersehen werden, die zum Ausdruck bringen kann, daß der Patient über den Verlust seiner körperlichen Integrität hoffnungslos und verzweifelt ist.

Zusammenfassend bleibt festzuhalten: Besondere diagnostische Schwierigkeiten bieten solche suizidale Patienten, die vor dem Kliniksuizid als unauffällig gelten und dem Typus der interaktionsarmen beziehungsweise pseudostabilen Form der Suizidalität (nach KIND) zuzurechnen sind. Diese Gruppe von Patienten verübte meist zu einem relativ frühen Zeitpunkt während stationärer Therapie den Suizid. Der diagnostische Blick sollte sich in diesen Fällen verstärkt auf indirekte Hinweise und Risikofaktoren und -indices richten, die den Verdacht auf eine beginnende oder bereits bestehende suizidale Entwicklung begründen. Trotz intensiver Psychotherapie durch Krisenintervention, supportive und aufdeckende Behandlung wird die Prognose der Suizidalität auch von klinisch-psychosomatischer Seite überwiegend ernst beurteilt. Eine sorgfältige Ermittlung von Behandlungszielen und die von der Psychodynamik her begründete Bestimmung eines adäquaten Therapie-Fokus könnten in Zukunft zu einer Verbesserung der Psychotherapie-Ergebnisse bei suizidalen Patienten in psychosomatischen Kliniken beitragen.

Matthias Schoof

Der Mechanismus der projektiven Identifizierung bei suizidalen Patienten

Vor nicht langer Zeit war ich in einer sehr angespannten therapeutischen Beziehung mit einer suizidalen Patientin. Unsere gegenseitigen Verstrickungen und Verwicklungen, die ich als ein gemeinsames suizidales Phänomen bezeichnen möchte, waren ein Anstoß, mich erneut mit dem Konzept der projektiven Identifizierung näher zu befassen.

Die moderne Auffassung der psychoanalytischen Beziehung beschreibt zwei Interaktionspartner, den Patienten und Analytiker, die sich auf sehr subtile Weise gegenseitige Erwartungen mitteilen. Das ursprünglich intrapsychisch formulierte Konzept der Übertragung wird ergänzt durch das interpersonelle Geschehen (Sandler 1976).

»Die Wahrheit der psychoanalytischen Situation besteht darin, daß es eine Interaktion zwischen zwei Persönlichkeiten gibt, wobei in jeder der beiden das Ich sich unter dem Druck des Es fühlt, des Über-Ich und der äußeren Welt. Jede Persönlichkeit hat ihre inneren und äußeren Abhängigkeiten, Ängste und pathologischen Abwehrmechanismen; jeder ist ein Kind mit seinen inneren Eltern und jede dieser ganzen Persönlichkeiten reagiert auf jedes Ereignis in der analytischen Situation« (Racker 1968).

Diese Interaktion, wie sie Racker beschreibt, findet sich in besonsers heftiger Weise bei Behandlungen suizidaler Patienten. Zur Erhellung dieser interaktionellen Dynamik dient das moderne Konzept der projektiven Identifizierung.

In ihrer Arbeit »Bemerkungen über einige schizoide Mechanismen« hat Melanie Klein (1946) erstmals den Begriff der projektiven Identifizierung beschrieben:

»Ein großer Teil des Hasses gegen das Selbst wird nun auf die Mutter gelenkt. Das führt zu einer besonderen Art von Identifizierung, die das Urbild einer aggressiven Objektbeziehung darstellt. Ich schlage für diese Prozesse den Ausdruck projektive Identifikation vor. Wenn Projektion hauptsächlich dem Wunsche des Kindes entspricht, die Mutter zu verletzen und zu kontrollieren, dann wird sie als eine Verfolgerin empfunden. Diese Identifizierung eines Objekts mit dem gehaßten Teil des Selbst trägt in psychotischen Erkrankungen zu der Intensität des Hasses auf andere Menschen bei.«

KLEIN beschreibt die projektive Identifizierung als einen in der Phantasie des Kleinkindes ablaufenden Prozeß, wobei die »in das Objekt verlegten Selbstanteile in ein Phantasieobjekt, das innere Objekt, verlegt werden und nicht in ein äußeres reales«. Sie ordnet die projektive Identifizierung entwicklungspsychologisch der paranoid-schizoiden Position zu, in der Beziehungen zwischen Teilen des Selbst und Teilobjekten vorherrschen. In dieser Phase gehe es um die Abwehr der elementaren Angst, um das Überleben des Ich. KLEIN sah ein Hauptproblem darin, archaische Aggressionen (Haß, den Todestrieb) vom guten Teil des Ich-Selbst-Systems fernzuhalten. KLEIN faßt also die projektive Identifizierung als einen intrapsychischen Abwehrmechanismus auf.

Die Weiterentwicklung des Konzeptes der projektiven Identifizierung als einem interpersonellen-interaktionellen Geschehen gründet auf Psychoanalytiker wie BION, ROSENFELD, RAKKER, HEIMANN, SANDLER und insbesondere auf OGDEN. Aus dem deutschen Sprachraum möchte ich ZWIEBEL und HINZ erwähnen.

Das BIONsche Konzept des *container-contained* beschreibt den Analytiker als eine Art Behälter, in den der Patient »hineinstecke«, was er bei sich selbst nicht aushalten könne. Damit ist explizit ausgedrückt, daß es sich um einen Vorgang handelt, der der Gegenwart eines äußeren realen Objektes bedarf. Der Analytiker wird durch dieses in ihn Hineinstecken von Selbstanteilen des Patienten dazu gebracht, das nicht aussprechbare seelische Erleben des Patienten nun in sich selbst zu spüren. Dies ist der kommunikative Aspekt der projektiven Identifizierung.

OGDEN (1979) beschreibt den Vorgang der projektiven Identifizierung wie folgt:

»Der Begriff projektive Identifizierung bezieht sich auf Phantasien und begleitende Objektbeziehungen, die beinhalten, daß sich das Selbst unerwünschter Aspekte entledigt, daß es diese Anteile in einer anderen Person unterbringt, und schließlich, daß es das Ausgestoßene in veränderter Form wieder erlangt«.

Er gliedert diesen Vorgang in drei Phasen, die aber drei Aspekte eines einzigen, wenn auch sehr komplizierten psychischen Vorgangs seien.

In der *ersten Phase* besteht die unbewußte Phantasie, daß ein Teil des Selbst in eine andere Person projiziert wird und dieser Teil die Person von innen her kontrolliert. Es kann sich dabei um »negative« Selbstaspekte handeln, die das Selbst von innen her zu zerstören drohen, oder um »gute« Selbstaspekte, die in Gefahr sind, von negativen Selbstaspekten angegriffen zu werden, und daher in Sicherheit gebracht werden müssen.

In der *zweiten Phase* übt der Projizierende Druck auf den Empfänger der Projektion aus, damit dieser sich in Übereinstimmung mit der projektiven Phantasie erlebt und auch verhält. Wie geschieht dies? Über vielfache Interaktionen zwischen dem Patienten und Analytiker wird dieser Druck ausgeübt. Je nach Grad des seelischen Entwicklungsniveaus werden die meist averbal übermittelten Signale feiner oder gröber sein. OGDEN (1979) gibt in seiner Arbeit ein Beispiel dazu:

»Eine zwölfjährige stationäre Patientin, die als Kleinkind körperlich und seelisch bedrängt worden war, verdeutlicht diesen Aspekt projektiver Identifikation. Die Patientin sagte und tat fast nichts auf der Station, ließ aber ihre Anwesentheit auf wirkungsvolle Weise spüren, indem sie Leute stieß und anrempelte, allen voran ihren Therapeuten. Dies hatte allgemein eine wütende Reaktion bei anderen Patienten und beim Personal zur Folge. Ihr Therapeut sagte, daß er sich in der Therapiestunde (häufig eine Spieltherapie) so fühlte, als wäre kein Platz im Raum für ihn. Wo er auch stand, es schien ihr Platz zu sein«.

Diese Interaktionsweise drückt eine Art von Objektbeziehung aus, bei der die Patientin Druck auf den Therapeuten ausübt, durch den dieser sich unweigerlich bedrängt fühlte.

In der *dritten Phase* geschieht eine psychische Verarbeitung der Projektion durch den Empfänger, und es erfolgt eine Reinternalisierung der veränderten Projektion durch den Projizierenden. Der Empfänger erlebt sich dabei zum Teil so, wie es dem Bild der projektiven Phantasie entspricht. Es kommt dabei aber zur Vermischung von Eigenem und Fremdem. Der Empfänger kann eine andere Mischung von Abwehrmechanismen und psychischen Prozessen einsetzen, so daß eine Verarbeitung der Gefühle geschieht. Er muß in der Regel diese Gefühle nicht einfach loswerden, sondern er kann sie ertragen und halten, so daß letztlich eine neue Mischung der ursprünglich projizierten Gefühle entsteht. Dadurch kann er dem Projizierenden eine neue Einstellung erlebbar machen, daß auch schwieriges und gefährliches psychisches Erleben ertragen werden kann, ohne daß andere Selbstaspekte oder wertvolle innere und äußere Objekte zerstört werden müssen. Diese »verdaute« Projektion wird durch die Interaktion des Empfängers mit dem Projizierenden für diesen zur Internalisierung verfügbar gemacht. So kann sich der Projizierende eine neue Art und Weise im Umgang mit eigenen Gefühlen, die er bisher loszuwerden trachtete, aneignen. Es entsteht echtes psychisches Wachstum.

Diese Phasenbeschreibung des psychischen Prozesses der projektiven Identifizierung gibt also vier Funktionen wieder:

1. Es handelt sich um eine Form der *Abwehr*,
2. um eine Art der *Kommunikation*,
3. eine Form der *Objektbeziehung*,
4. und um einen Weg zur psychischen *Veränderung*.

Ich erlebe diese Beschreibung von OGDEN als sehr mechanistisch. Es ist mir weiterhin schwer vorstellbar, daß etwas in einen »Container« hineingesteckt wird, wie es BION ausdrückt. Einleuchtender erscheint mir, daß sich der Empfänger, also der Analytiker, in der Weise zur Verfügung stellt, daß der Projizierende bei ihm eine ganz persönliche Saite zum klingen bringt, die in der individuellen Lebensgeschichte des Analytikers irgendwann einmal eine Bedeutung hatte. Durch den interaktionell ausgeübten Druck wird der Klang im Analytiker so weit verstärkt, daß er seine Saite zu hören beginnt und dann die erforderliche Einfühlung in das in ihn Projizierte möglich wird. Dies impliziert besonders bei der therapeutischen Arbeit mit suizidalen Patienten, daß sich der Analytiker seiner eigenen Suizidalität, seiner eigenen inneren Welt ganz öffnen muß. Nur so wird er die Botschaft der Suizidalität seines Patienten ganz zu erfassen vermögen.

Bei suizidalen Patienten ist ein hoher interaktioneller Anteil in der Übertragung wirksam. KIND (1992) formulierte, daß der suizidale Patient Gefühle, die er allein nicht handhaben kann, durch sein suizidales Verhalten über den Weg der projektiven

Identifizierung in den Therapeuten transferiert. Es handelt sich in der Regel um Menschen, die in Krisenanforderungen nicht zu einer intrapsychischen Konfliktlösung finden können und daher – notwendigerweise, aber auch kreativerweise – zu einer interpersonellen Darstellung ihrer Konfliktdynamik gelangen. Sie sind sozusagen darauf angewiesen, eine andere Person in ihre psychischen Abwehrmaßnahmen hineinzunehmen, um ihre aktuelle psychische Krise, die in der Regel eine längere bis dahin verborgene Vorgeschichte hat, lösen zu können.

Je nach der auslösenden Situation – zum Beispiel der Verlust eines wichtigen Menschen oder eine schwere narzißtische Kränkung mit tiefer Beschämung – und den in der Lebensgeschichte verinnerlichten Objekterfahrungen wird die Suizidalität interpersonell ausgestaltet werden. KIND (1992) hat darauf hingewiesen, daß sich dieses Geschehen in der Patient-Therapeut-Beziehung abbildet und ablesen läßt. Zum Erfassen und Verstehen dieser intra- und interpersonellen Vorgänge dient das beschriebene Konzept der projektiven Identifizierung. Ich denke, es ist implizit deutlich geworden, daß der Analytiker sich besonders hellhörig seinem eigenen seelischen »Klangkörper« gegenüber beziehen muß, das heißt er muß in besonderer Weise auf seine Gegenübertragung achten. Dies wird durch das theoretische Verständnis der Suizidalität als einer psychischen Leistung des Patienten in einer Krisensituation erleichtert. Es geht um die Entschlüsselung der verdeckten Botschaft der Suizidalität.

Als ich dies verstehen lernte, konnte eine in mir immer mehr oder weniger große Angst bei der Therapie mit suizidalen Patienten geringer werden. Der leidende suizidale Mensch drängt uns oft dazu, seine Befindungsstörungen möglichst schnell zu beseitigen. Dies verführte mich oft dazu, mitbedingt aus eigenen ängstlichen Gefühlen heraus, nicht tiefer in den Sinn des Symptoms Suizidalität einzusteigen und verstehen zu lernen. Suizidale Patienten lösen intensive Gegenübertragungsgefühle aus, die so intensiv werden können, daß ich sie oft nicht mehr »aus mir herausbrachte«, daß mich diese Patienten auf meinem Heimweg begleiteten, daß ich sogar von ihnen träumte, daß meine eigene Befindlichkeit über lange Zeit stark beeinträchtigt war. Häufig bin ich auch mit großer Angst zur Arbeit gefahren, weil ich befürchtete, daß sich ein Patient suizidiert haben könnte. Mir wird heute verständlicher, daß sich dabei häufig eine projektive Identifizierung als Verbindungsmechanismus zwischen meinen Patienten und mir abgespielt hat.

Die »unerhörte Botschaft« meiner Patienten konnte ich daher oft nur ansatzweise entschlüsseln. Suizidverträge mit den Patienten dienen – meiner Erfahrung nach – nicht selten der eigenen Absicherung, der Abgabe von Verantwortung an den Patienten, die dieser aber mir geben will und zunächst auch muß. Solch ein Suizidvertrag kann auch leicht die Verweigerung der Aufnahme der projektiven Identifizierung bedeuten. Langwierige, kräftezehrende Behandlungen sind die Folge.

Ich möchte nun aus der Behandlung der eingangs erwähnten Patientin berichten. Sie ist schon seit längerer Zeit bei mir in einer ambulanten Psychotherapie. Sie brachte als »Auftragssymptom« ein psychosomatisches Darmsymptom (Darmblutungen ohne Entzündungszeichen oder maligne Ursache) sowie darauf gründende hypochondrische Befürchtungen um ihren Körper. Nach einiger Zeit waren diese Symptome fast völlig verschwunden und spielten in den Sitzungen keine große Rolle mehr. Es entwickelte sich eine äußerlich erotisch anmutende Übertragung auf mich. Ich begann zunehmend Bedeutung in ihrer Phantasie zu bekommen. Ich vermutete aufgrund ihres dabei gezeigten Verhaltens, daß es sich nicht um eine – wenn auch von ihr nahegelegte – ödipale Situation ging, sondern um die Projektion eines Idealobjekts, um Trennung zu vermeiden. In mir regten sich damals auch ablehnende Gefühle, die sich wohl unter anderem auf eigene Ängste vor Verschmelzung, besser vor dem Verschmolzenwerden durch die Patientin gründeten. Die in mich projizierten Hoffnungen der Patientin ängstigten mich offenbar, ich zeigte keine eindeutige Bereitschaft zur Aufnahme der projektiven Identifizierung. Es ist aus dem vorher Gesagten verständlich, daß die Patientin ihren Druck verstärkte. Es tauchten erst leise, dann immer deutlichere Suizidgedanken auf, die die Patientin aber mehr als Reaktion auf das Verhalten ihres Partners beschrieb, von dem sie sich abgelehnt und zurückgewiesen fühlte. Über diese psychologische »Nebenschiene« brachte sie mich immer mehr in die intendierte Position des allverfügbaren Idealobjekts. Das Druckausüben geschah zum Beispiel interaktionell durch eingestreute, negative Bemerkungen über den uneinfühlsamen Partner oder über offen ausgesprochene Wünsche nach engerem Kontakt mit mir. Es kam im

Fortlauf der Behandlung zu einer Verstärkung des Regelkreises, wie es KÖNIG (1992) nannte, zwischen der projizierenden Patientin und mir. Ich hatte ihre unausgesprochene Botschaft nicht verstanden. Zunahme der Sitzungsfrequenz, absichernde Telefonanrufe am Wochenende oder in meinem oder ihrem Urlaub waren die Folge. Ich war durch die Patientin – und ich ließ mich auch – soweit mit dem Idealobjekt projektiv identifiziert, daß ich rückschauend von einer projektiven Gegenidentifizierung sprechen möchte. Ich war zu dem geworden, was die Patientin in mir projizierte: ein allzeit verfügbares Objekt. Entgangen ist mir dabei auch der kommunikative Aspekt der projektiven Identifizierung: ich fühlte mich gefangen, kontrolliert. Ich erwartete fast sehnsuchtsvoll die Telefonanrufe der Patientin, ich mußte mich immer wieder ihrer versichern, um einigermaßen entspannt zu sein. Ich fühlte mich jetzt, wie sich die Patientin wohl auch fühlte. Sie hatte mir diese Botschaft geben wollen. Es war zu einer Beziehungskonstellation gekommen, die KIND »manipuliertes Objekt« nennt. Die von der Patientin intendierte Objektsicherung über ihre projektive Identifizierung war gelungen. Allerdings geschah dies auf Kosten der »Vernichtung der therapeutischen Beziehung«. Die Durcharbeitung der projektiven Identifizierung gelang zunächst nicht: der Wunsch nach Ungetrenntheit und die Trennungsangst und Trennungsschuld blieben uns noch verborgen.

Mit Verwunderung habe ich in der Rückschau feststellen müssen, daß bei mir keine wesentlichen aggressiven Gefühle in der Gegenübertragung aufgetreten waren, obwohl ich schließlich in eine fast parasitär-manipulierte Objektbeziehung zur Patientin geraten war. Ich möchte dieses »Nichterleben« meinerseits hier nicht weiter deuten. Verstehbar scheint mir, daß der Aufbau dieser primitiven Objektbeziehung zwischen uns eine Abwehrfunktion hatte: destruktive, archaisch aggressive Impulse mußten bei uns offenbar erst noch in Schach gehalten werden, um die befürchtete Trennung zu vermeiden.

Ich hoffe, mit diesem Beispiel aus meiner Praxis verdeutlicht zu haben, daß ich – beziehungsweise wir – einer projektiven Identifizierung unterlegen waren, die erst später von mir erkannt werden konnte, und somit zu einer ständigen Verstärkung der Suizidalität führen mußte. Die unbewußten Ziele dieser projektiven Identifizierung der Patientin waren erreicht:

1. Ein gewisses Maß an Befriedigung und Zuwendung zu erreichen, die Objektsicherung gelang.
2. Die eigene Aggressivität konnte aus der Beziehung heraus-
gehalten werden, um Trennung nicht zu bewirken.
3. Ihr Ich war wieder funktionsfähiger geworden, es hatte
Macht und Kontrolle über einen anderen ausüben können.

Zunächst war aber dadurch der Weg zu mehr Autonomie ver-
schlossen. Später konnte sie mir in einem Gespräch sagen, daß
es ihre unbewußte Intention war, sich über die Suizidalität meiner zu vergewissern, jemanden zu haben, der ihr sicher war, der
ihr Halt gab.

Zusammenfassend möchte ich sagen, die psychischen Vorgänge der projektiven Identifizierung erschließen sich mir zunehmend als bessere Verständigungs- und Verstehensmöglich-
keit im Umgang mit suizidalen Patienten. Das Wissen um die
psychisch wichtige Funktion der Suizidalität bei unseren Patienten wirkt entängstigend. Es scheint mir wichtig, den Spiel-
raum meiner Gegenübertragung bei Patienten mit Suizidalität
zu erweitern, um mehr über sie zu erfahren. Es scheint mir weiter wichtig, die Bereitschaft zur Rollenübernahme (SANDLER
1976), die der Patient mir zuweist, zu vergrößern. Denn dann
kann ich die Botschaft der projektiven Identifizierung des suizidalen Patienten besser entschlüsseln lernen.

Meine Absicht war, dem Leser mehr Klarheit über den psychischen Vorgang der projektiven Identifizierung zu vermitteln.
Ich bin aber auch schon zufrieden, wenn ich angeregt habe, sich
weiter mit der projektiven Identifizierung zu befassen.

Selbstbeschädigendes Verhalten – therapeutische Aspekte

GERHARD H. PAAR

Offene und heimliche Selbstbeschädigung: Diagnostik, Klinik und Therapie

Selbstschädigendes Verhalten ist ein Bestandteil menschlichen Lebens und tritt in verschiedenen kulturellen und religiösen Situationen auf. MENNINGER (1974) unterscheidet Selbstbeschädigung in alltäglichen Situationen, Initiationsriten, religiöse Selbstbeschädigung, neurotische Selbstbeschädigung, Selbstverstümmelung bei psychotischen Patienten und Selbstbeschädigungen bei organischen Erkrankungen.

Im folgenden werden wir uns mit den sogenannten *moderaten Formen* (TANTAM und WHITTAKER 1992) der Selbstbeschädigung auseinandersetzen. Damit meinen wir offene und heimliche Formen der Selbstbeschädigung bei Persönlichkeitsstörungen, insbesondere bei der Borderline-Persönlichkeit. In den letzten Jahren hat die intensive diagnostische, klinische und therapeutische Auseinandersetzung mit diesen Patientengruppen zu einem besseren Verständnis geführt, die sich in einigen Monographien widerspiegelt (ECKHARDT 1987; FAVAZZA 1987; WALSH und ROSEN 1988; HIRSCH 1989; SACHSSE 1994a; PLASSMANN 1994a). Die sogenannten *schweren Formen* der Selbstbeschädigung (TANTAM und WHITTAKER 1992) mit Autokastration, Enukleation des Auges oder Drogenpsychosen (SHORE 1979; SCHARFETTER 1984) sollen hier nicht behandelt werden.

Vortäuschung meint zunächst Falschinformation des Arztes, verbunden mit Auslassungen in der Krankengeschichte, Klagen über Schmerzen oder die Vertauschung von zu analysierenden Blutproben, Kontamination des Urins mit einer Bakteriensuspension oder auch die absichtliche Manipulation des Thermometers oder auch der 24-Std.-Herzfrequenzmessung. *Manipulation* meint Acting out am eigenen Körper, wie beispielsweise eine heimliche Induktion einer Hämaturie mittels suprapubischer Injektion von selbstabgezapftem Blut. Nicht immer kann klar zwischen *Vortäuschung* und *Manipulation* unterschieden werden (NORDMEYER 1994).

Prinzipiell kann jedes Symptom vorgetäuscht oder manipuliert werden. Das Hervorrufen der Symptome geschieht in bestimmten signifikanten Situationen. Vorkehrungen über den richtigen Zeitablauf wie Art der Täuschung erfordern teilweise hohe intellektuelle Aktivität. Dabei darf man dem Patienten aber nicht die Intentionalität eines freien Willensentscheides unterstellen, denn der Akt geschieht unter Zwang (SCHARFETTER 1984). Einem geläufigen wissenschaftlichen Vorurteil gemäß finden sich gehäuft unter den Patienten mit offener und heimlicher Selbstbeschädigung unverheiratete Frauen im 3. Lebensjahrzehnt aus dem medizinischen und paramedizinischen Umfeld (CARNEY 1980; FORD 1983). Ein innerer Zusammenhang besteht in der Arzt-Patient-Beziehung zwischen technologisch ausgerichteten, mit invasiven Methoden arbeitenden männlichen Ärzten und Artefact-Patientinnen aus dem medizinischen Umfeld. Es ist anzunehmen, daß die Rate an heimlicher Selbstbeschädigung mit dem weiteren Fortschreiten der biotechnischen Medizin zunehmen wird (SAPIRA 1981).

In bestimmten Institutionen wie Gefängnissen oder in psychiatrischen Kliniken kann selbstverletzendes Verhalten endemisch auftreten. Für das Personal ergeben sich schwere Belastungen, da Selbstbeschädigung – bis auf bestimmte Ausnahmesituationen – als sozial unakzeptabel gilt und eine hohe interaktionelle Potenz hat (KÖNIG 1982).

Definition und Nosologie

Bei der *Simulation* (V 65.2 Malingering, DSM-IV; Z 76.5 Simulation, ICD-10) erfindet oder übertreibt ein Patient seine Symptome als Selbstschutz oder in Kombination sekundärprozeßhafter Motive. Die Symptome stehen für äußere Notlagen und sind kein Symbol unbewußter Prozesse.

Vorgetäuschte Störungen – also offene und heimliche Selbstbeschädigungen – zeichnen sich durch Vortäuschung oder durch die vom Patienten an sich selbst herbeigeführten psychischen oder physischen Symptome aus. In den neueren psychiatrischen Klassifikationssystemen sind sie unterschiedlich definiert worden. Im DSM-III-R (1989) werden »Vorgetäuschte Störungen mit Körperlichen Symptomen« und »Vorgetäuschte Störungen mit Psychischen Symptomen« und eine »nicht näher bezeichnete Mischkategorie« voneinander getrennt.

Im neuen DSM-IV (1994) wird eine Gesamtkategorie »Vorgetäuschte Störung« geschaffen, die sich durch 3 Kriterien auszeichnet.

»A: Absichtliches Erzeugen oder Vortäuschen körperlicher oder psychischer Zeichen oder Symptome
 B: Die Motivation für das Verhalten liegt darin, die »Patienten«-Rolle einzunehmen
 C: Externe Anreize für dieses Verhalten (ökonomischer Nutzen, Vermeiden rechtlicher Verantwortung oder Verbesserung körperlichen Wohlbefindens, wie bei der Aggravation) fehlen (S. 474, übersetzt von G.H. PAAR).«

Kodiert werden dann »mit vorwiegend psychologischen Zeichen und Symptome«, »mit vorwiegend körperlichen Zeichen und Symptomen«, sowie eine Mischkategorie.

Die ICD-10 (1991) definiert unter den Persönlichkeits- und Verhaltensstörungen F 68.1 die *artifizielle Störung* als absichtliches Erzeugen oder Vortäuschen von körperlichen oder psychischen Symptomen oder Behinderungen »Bei Fehlen einer gesicherten körperlichen oder psychischen Störung, Krankheit oder Behinderung täuscht der Patient wiederholt und beständig Symptome vor. Bei körperlichen Symptomen kann dies soweit gehen, daß die betreffende Person sich selber Schnittverletzungen oder Schürfwunden zufügt, um Blutungen zu erzeugen, oder sich selbst toxische Substanzen injiziert. Die Nachahmung von Schmerzen und das Bestehen auf dem Vorhandensein von Blutungen können so überzeugend und hartnäckig sein, daß wiederholt Untersuchungen und sogar Operationen in verschiedenen Krankenhäusern oder Ambulanzen durchgeführt werden, trotz wiederholt negativer Befunde« (S. 234).

In diesen Zusammenhang gehören die Begriffe »Hospital hopper-Syndrom«, nicht näher bezeichnetes »Münchhausen-Syndrom«, der durch Institutionen »wandernde Patient« (S. 235).

Eine Einteilung der Achse-1-Diagnosen von vorgetäuschten/ artifiziellen Störungen könnte folgendermaßen aussehen:

Achse-1-Diagnose

Vorgetäuschte Störungen (DSM-III-R, DSM-IV)
Artifizielle Störungen (ICD-10)

---

mit vorwiegend körperlichen   mit vorwiegend psychischen   Misch-
Zeichen und Symptomen   Zeichen und Symptomen   kategorie

– offene Selbstbeschädigung
– heimliche Selbstbeschädigung
  o artifizielle Störungen
  o Münchhausen-by-proxy-Syndrom

Münchhausen-Syndrom

Abbildung 1: Einteilung der Achse-1-Diagnosen von vorgetäuschten/
artifiziellen Störungen

Selbstbeschädigung findet sich als Achse-2-Kriterium bei Schizophrenie, affektiven Störungen, histrionischen Störungen, Eßstörungen wie bei der Borderline-Persönlichkeit, der antisozia-
len und der histrionischen Persönlichkeit.

DSM-IV und ICD-10 nehmen beim Patienten sekundärpro-
zeßhafte Verhaltensmotive an. Diese sind den normativen ideal-
typischen Vorstellungen des Medizinsoziologen PARSONS ver-
pflichtet. Demnach setzt die Krankenrolle den Patienten von
alltäglichen Verpflichtungen frei, gleichzeitig wird von ihm erwartet, mit Hilfe des Arztes zu gesunden (SIEGRIST 1988). Im-
merhin räumt die ICD-10 (als Erinnerungsrest an psychoanaly-
tisches Denken) ein, daß »das Motiv für das Verhalten fast
immer unklar und wahrscheinlich durch innerseelische Gründe
bedingt ist« (S. 234).

Selbstbeschädigendes Verhalten ist zunächst schwer zu verstehen, da es sich gegen das anthropologische Grundbedürfnis
nach Schmerzvermeidung und Befriedigungssuche richtet. Bei
phänomenologischer Betrachtung von Patienten mit Selbstverletzungen mag das Verhalten »vortäuschend« erscheinen. Das
sinnvolle, lebenserhaltende, selbstbewahrende am Selbstbeschädigungsakt erschließt sich jedoch nur aus langfristigen Psycho-

therapien. Dabei werden bei den meisten Patienten kumulative Traumata als primärprozeßhaftes Motiv nachweisbar. Im übrigen ist HERPERTZ und SAß (1994) zuzustimmen, daß die diagnostische Wertigkeit offener und heimlicher Selbstbeschädigungen innerhalb der derzeitigen Klassifikationssysteme noch nicht zufriedenstellend geklärt und in zukünftigen Revisionen neu zu bearbeiten sein wird.

Kürzlich hat WILLENBERG (1994) ein klassifikatorisches Mehrebenenmodell vorgelegt, das der Komplexität selbstschädigenden Verhaltens gerecht zu werden versucht und als Forschungsgrundlage zur klinischen Deskription dienen kann.

Klinik

Epidemiologische Daten zur offenen und heimlichen Selbstmißhandlung fehlen weitgehend. Die Prävalenz schätzen HERPERTZ und SAß (1994) so, daß 0,6–0,75% der Allgemeinbevölkerung – dabei fast 2% der 15 bis 35jährigen und 4,3% aller psychiatrischen Patienten – offene Selbstbeschädigung zeigen. Das Verhältnis Frauen zu Männern soll bei 2 zu 1 liegen. Nach LIPSITT (1972) leiden etwa 2% der Patienten in Allgemeinkrankenhäusern an selbstmanipulierten Symptomen. In speziellen Populationen wird selbstverletzendes Verhalten häufiger festgestellt, so in 25–40% bei Anorektikerinnen und Bulimikerinnen (HERPERTZ und SAß 1994), in 6,5% männlicher Gefängnisinsassen (SIOMOPOULOS 1974) oder zu 13% bei Patienten mit Borderline-Persönlichkeitsstörungen (FAVAZZA und CONTEREO 1988).

Bei der *offenen Selbstbeschädigung* fügt sich der Patient an seiner Hautoberfläche Verletzungen in Form von Schnittwunden, Abschürfungen, Verbrühungen, Verätzungen, Verbrennungen zu. Bevorzugte Körperzonen sind Unterarme, Oberschenkel, Brust- und Bauchbereich sowie das Gesicht.

Die Schwere der psychopathologischen Störung scheint mit Anzahl, Tiefe und Sichtbarkeit der Selbstbeschädigung zu korrespondieren (SACHSSE 1994b). Beim impulshaft durchgeführten Schneiden ist der selbstinduzierte Charakter bewußt und wird auch zugegeben. Patienten mit offener Selbstbeschädigung finden sich vorzugsweise in den Bereichen der Dermato-

141

Tabelle 1: Mehrebenenmodell zur Klassifikation der heimlichen
Selbstbeschädigung

1. *Der Tatbestand:*
   1.1. Art der Schädigung:
   1.2. Lokalisation der Schädigung (auch Funktionsbereich):

2. *Die Tat:*
   2.1. Vermutliche »Technik« der Schädigung:
   2.2. Delegation der schädigenden Handlung:

3. *Das »Opfer«:*
   3.1. Art der aktuellen Gefährdung:
   3.2. Häufigkeit und Dauer von Klinikaufnahmen:
   3.3. Art und Ausmaß der Folgen:
   3.4. Schmerzerleben
      1. Das schädigende Verhalten und die hierdurch hervorgerufenen
         Folgen werden nicht als schmerzhaft erlebt.
      2. Die Handlung wird so eingerichtet, daß der zu erwartende
         Schmerz möglichst vermieden oder minimiert werden kann
         (Analgetika).
      3. Der Schmerz wird in Kauf genommen.

4. *Der »Täter«:*
   4.1. Ausmaß der Heimlichkeit.
   4.2. Ausmaß der »Selbstverborgenheit«.
   4.3. Ausmaß der Intentionalität.

5. *Chronifizierung:*
   5.1. Vermutlich einmalige Handlung.
   5.2. Chronisch rezidivierende selbstschädigende Handlungen seit:
        _____ Jahren
   5.3. Kontinuierliche Handlungen seit:
        _____ Jahren

6. *Komorbidität nach ICD-10 psychopathologischer Auffälligkeiten:*
   6.1. psychopathologische Störungen Nr.:
   6.2. somatische Störungen Nr.:

logie, Chirurgie und Psychiatrie. Oft werden sie wegen unklarer
Wundheilungsstörungen vielfach operiert.

Im Bereich der Chirurgie finden wir meistens Mischformen
aus zunächst heimlicher, aber dann doch offen zugegebener
Selbstbeschädigung. Es sind oberflächliche Verletzungen und
Wunden, Wundheilungsstörungen, chronische Lymphödeme
sowie Gelenkversteifungen, Dislokationen und Frakturen. In

der Traumatologie und Abdominalchirurgie sammeln sich Artefakt-Patienten an. Die Diagnose »Artefaktstörung« stellt meist eine Ausschlußdiagnose dar. Mag vielleicht eine natürliche organische Erkrankung vorausgegangen sein, auf die sich die Selbstbeschädigung aufpropft, so ist es im Verlauf gelegentlich unmöglich, die »Originalerkrankung« von den Komplikationen selbstschädigenden Verhaltens oder von iatrogenen Komplikationen, die im Behandlungsverlauf auftreten, zu unterscheiden (SPIRO 1968; FORD 1983).

Im Bereich der plastischen Chirurgie ist die Diagnose »Selbstbeschädigung« schwer zu stellen, da die Operation meist auf Patientenwunsch zustande kommt.

Der Einstieg in selbstschädigendes Verhalten beginnt häufig nach einem Trauma, einer körperlichen Krankheit oder einer aus ärztlicher Sicht notwendigen Operation. Aus dem selbstschädigenden Verhalten ergibt sich die Gefahr primärer und sekundärer medizinischer Probleme. Umgekehrt können sich die Folgen ärztlicher Eingriffe als iatrogene Schädigungen für den weiteren Verlauf fatal auswirken. CHERTOK hat in seinen Untersuchungen zur Hysterie davor gewarnt, daß Patienten mit einer Mania operativa einem Chirurgen mit einem Mania operativa activa in die Hände fallen (CHERTOK 1972).

Im folgenden werden die Zeichen für den Verdacht auf Selbstbeschädigung im Bereich der Chirurgie wiedergegeben:

Tabelle 2: Zeichen für den Verdacht auf Selbstbeschädigung im Bereich der Chirurgie (PAAR 1994)

- Krankengeschichte mit langen, unerklärlichem Verlauf und multiplen Operationen
- wiederholte Wundheilungsstörungen
- Wundheilungsstsörungen entgegen der Erfahrung des Arztes
- immunologische und hämatologische Symptome weisen auf »Verdachtsdiagnose« einer seltenen Krankheit hin
- Ausschluß organischer Gründe für Wundheilungsstörung
- unklare Indikation für chirurgischen Eingriff
- Patient bemerkenswert drängend nach invasiven Eingriff
- ungewöhnliche Zeichen und Symptome beim Patienten
- durchschnittlicher Krankenhausaufenthalt länger als gewöhnlich
- Hinweise für Paraphernalien

Als *heimliche Selbstbeschädigung (artifizielle Störung)* bezeichnen wir das aktive Erzeugen von körperlichen Störungen auf allen medizinischen Fachgebieten (FORD 1983; BOCK und OVERKAMP 1986; ECKHARDT 1987). Einen Überblick über heimlich vorgetäuschte Krankheitsbilder aus dem Bereich der Inneren Medizin gibt die folgende Tabelle:

Tabelle 3: Syndrome heimlich vorgetäuschter Krankheitsbilder im Bereich der Inneren Medizin (PAAR 1992a)

---

artifizielles Fieber, vorgetäuschte und selbstinduzierte Infektionen
- Thermometermanipulation
- Infektion mit pyrogenem Material
- Einnahme fiebersteigender Medikamente
- Factitious AIDS

artifizielle Stoffwechselstörungen
- Hypoglykämie durch Injektion von Insulin oder Einnahme von oralen Antidiabetika
- Hypokaliämie durch Diuretika, Laxantienabusus, Lakritzenabusus
- Hyperkalzämie durch Kalzium oder Vitamin D
- Cushing-Syndrom durch Prednison
- Hyperamylasurie durch Speichelzusatz zum Urin
- Anticholinergikaintoxikation durch Atropin
- Pseudo-Phäochromozytom durch Sympathomimetika
- Hyperthyreose durch Thyroxin
- Hypothyreose durch Thyreostatika oder durch medikamentöse Noncompliance

artifizielle Bluterkrankungen
- selbst herbeigeführtes Bluten
- artifizielle Anämie durch Antikoagulantien, Zytostatika

artifizielle kardiologische Symptome
- Vortäuschung einer koronaren Herzkrankheit
- Herzrhythmusstörungen durch heimliche Medikamenteneinnahme
- Manipulation bei elektrophysiologischer Registrierung

artifizielle pulmonologische Symptome
- Hämoptysis
- artifizielles Asthma
- Verdacht einer Lungenembolie bei vorgetäuschter Beinvenenthrombose
- Autoerotische Asphyxie
- artifizielle Bronchorrhoe

artifizielle gastroenterologische Symptome
- vorgetäuschte abdominale Schmerzzustände mit vorgetäuschter Abwehrspannung, vorgetäuschter Ileus
- unklares Erbrechen
- gastrointestinale Blutungen durch Schlucken von Blut oder Manipulation an der Schleimhaut
- Schlucken von Fremdkörpern mit Perforation, Darmbluten
- rezidivierende Durchfälle durch heimliche Einnahme von Laxantien
- Wundheilungsstörungen, Offenhalten von Fisteln, intraabdominelle Abszesse

artifizielle rheumatologische Symptome
- vorgetäuschte rheumatologische Schmerzsyndrome
- Arthritis durch Injektion von pyrogenem Material, Instillation von Fremdkörpern
- Hämarthros durch Selbsttraumatisierung, Injektion von Blut oder Einnahme von Antikoagulantien

artifizielle nephrologische/urologische Symptome
- Hämaturie mit und ohne Koliken
- Nephrolithiasis
- perverse Manipulation im Bereich des Genitales

Einige Patienten klagen über unspezifische Beschwerden, andere präsentieren hochspezifische Symptome und wecken damit das Interesse hochspezialisierter Kliniker. Von 104 Patienten, die PANKRATZ (1981) zusammenstellte, klagten 75% über Schmerzen, gefolgt von Blutungssymptomen in 31% und Urogenital-Symptomen in 25% (mit Mehrfachnennungen). Die Methoden der Manipulation sind vielfältig und können neue biomedizinische Techniken, neue Medikamente oder neue Symptome aufgreifen.

Tabelle 4: Methoden der Selbstbeschädigung

- Läsion an Haut, Hautanhangsgebilden, Nase, Pharynx, Darm, Harnblase durch Ätzen, Beißen, Brennen, Klopfen, Kratzen, Schneiden
- Injektionen von Insulin, Heparin, infektiösen und Fremdkörpermaterial subcutan oder in Venen
- Blut-, Faeces-, Speichel- und Medikamentenzusatz zum Harn
- Injektionen von Blut, Medikamenten, Faeces in die Harnblase
- Schlucken von Eigenblut oder Tierblut, Zahnpasta, Lakritze, Karotten
- Schlucken von Fremdkörpern
- Einführen von Blut und Fremdkörpern in Respirationstrakt
- Heimliche Einnahme von Pharmaka

145

Gerade die Patienten mit heimlicher Selbstbeschädigung durchlaufen Karrieren, in denen sie in der biotechnologisch ausgerichteten Medizin weitergereicht werden und schließlich in einem universitären Hochleistungskrankenhaus landen (ECKHARDT 1987; PAAR 1992b). PLASSMANN (1987) hat eindrücklich darauf hingewiesen, daß die heimliche Selbstmißhandlung sich als Krankheit in der Beziehung zum Arzt entwickelt, weil sie erst in der therapeutischen Beziehung als Krankheit definiert wird.

Das *Münchhausen-Syndrom* stellt eine Subgruppe der chronischen Erkrankungsform dar. Es handelt sich eher um Männer im mittleren Lebensalter, die sich mit der Inszenierung hochakuter Krankheitszustände in Krankenhäuser begeben. Dramatisch präsentieren sie ihre Beschwerden. Anamnese und körperliche Untersuchungen ergeben Hinweise auf vielfältige chirurgische Eingriffe. Auffällig sind sie bereit, sich Untersuchungen und Eingriffen zu unterziehen, idealisieren eine Zeitlang die behandelnden Ärzte, bis Zweifel an Diagnose und Compliance auftreten. Es liegt ein auffälliges Pseudowissen über Klinikroutine und medizinische Terminologie vor. Die Patienten fordern ständig Aufmerksamkeit, integrieren sich nicht in den Klinikalltag und fordern häufig Analgetika. Abrupt wechseln sie ihre Beschwerdebilder, unerwartete Komplikationen treten auf, es kommt zu aggressiven Auseinandersetzungen. Werden sie mit dem Verdacht oder dem Nachweis vorgetäuschter Symptome konfrontiert, weisen sie dies zurück und verlassen oft die

Tabelle 5: Entscheidungsmodell zur Diagnose vorgetäuschter Störungen (ROGERS 1988, übersetzt von G.H. PAAR)

– Beschwerden und Symptome sind unter willentlicher Kontrolle des Patienten
– Nachweis der willentlichen Kontrolle
– Nachweis von Paraphernalien oder Medikamenten, die die Symptome erklären
– beweisende Laborproben
– eindeutige Hinweise dafür, die Patientenrolle einzunehmen
– auffälliges medizinisches Fachwissen
– Hinweise, daß Abhängigkeitswünsche durch medizinische Versorgung befriedigt werden
– eine andere Krankheit kann gegenwärtige Symptome nicht erklären
– Simulation kann gegenwärtige Symptome nicht erklären
– Hinweise auf mehrere Krankenhausaufenthalte

Klinik gegen ärztlichen Rat, um sich demnächst bei einem anderen Arzt oder Krankenhaus vorzustellen.

Sehr hilfreich erscheint uns ein Entscheidungsmodell zur Diagnose vorgetäuschter Störungen, das von ROGERS (1988) entwickelt wurde:

Im Rahmen dieser Abhandlung wird nicht auf »vorgetäuschte Störungen mit vorwiegend psychischen Zeichen und Symptomen« eingegangen. Hier sei auf die Darstellung von ECKHARDT (1994) verwiesen.

Immer wieder wurde die Frage gestellt, ob heimliche und offene Selbstbeschädigung eine versteckte (fokale) Suizidhandlung sein könne. Selbstverletzungsakte dieser Patientengruppe sind jedoch niedrig letal angelegt – wobei selbstverständlich immer nach der Suizidalität gefragt werden muß.

Tabelle 6: Zusammenhang verschiedener direkter und indirekter Formen von Selbstbeschädigung und Suizidalität (WALSCH u. ROSEN 1988, modifiziert und übersetzt von G.H. PAAR)

	direkt	*indirekt*
hohe Letalität	Suizid einmalig	Beendigung einer vitalen Behandlung wie z.B. Dialyse einmalig
mittlere Letalität	chronische Suizidalität episodisch atypische Selbstbeschädigung einmalig	hochriskante Leistungen (Stunts) episodisch Alkoholvergiftung einmalig
niedrige Letalität	Selbstbeschädigung episodisch	chronischer Alkoholismus Adipositas permagna Kettenraucher episodisch

Suizide treten bei Artefakt-Patienten eher als Komplikationen, beispielsweise einer zu hohen Dosis Narkotika oder einer überhohen Dosis eines Diuretikums auf, die dann möglicherweise über eine Hypokaliämie zum Herzstillstand führt (PLASSMANN 1987).

Ätiopathogenetische Modelle

Derzeit werden biologische, ethologische, lerntheoretische und entwicklungsorientierte psychodynamische Modelle diskutiert. *Biologische* Modelle können uns zum Verständnis über eine mögliche Konstitution zur Selbstverletzung verhelfen als Folge genetischer Veranlagung, prä- und perinataler Hirnschädigung sowie insbesondere der Auswirkung frühkindlicher kumulativer Traumata.

Die teilweise groteske Schmerzintoleranz bei der Selbstbeschädigung läßt sich nicht allein nur aus einer physiologischen Variabilität der Schmerzempfindung erklären. Im Tierreich schließen sich Angriffserregung und Schmerzempfindung aus (BILZ 1971). Die Aktivierung endogener Opioide könnte durch die Selbstverletzung hervorgerufen, für Analgesie und den tranceartigen Bewußtseinszustand verantwortlich sein (LYCAKI et al. 1979), sowie als positiver Verstärker das wiederholte suchtartige Verhalten nach Selbstverletzung begünstigen. Serotonerge Dysfunktionen können als ein psychobiologischer Parameter impulsiver auto- und heteronomer Aggressivität gewertet werden (WINCHEL und STANLEY 1991).

Tabelle 7: Biologische Erklärungsmodelle offener Selbstbeschädigung (modifiziert nach HERPERTZ u. SAß 1994)
(BPO: Borderline Persönlichkeitsstörung, HIES: Hydroxyindolessigsäure)

Hypothesen	Studien-Ergebnisse
Opioidsystem erhöht	Metenkephalinplasmaspiegel bei Patienten mit Selbstverletzungsverhalten gegenüber gesunden Kontrollen erhöht Therapeutische Wirksamkeit von Opiatantagonisten bei geistig Behinderten
Dopaminerges System erhöht	Dopaminagonisten bewirken Selbstverletzungsverhalten bei Affen mit Hirnstammläsion und konsekutiver Degeneration nigrostrialer dopaminerger Neurone D1-Dopaminantagonisten blocken wieder Selbstverletzungsverhalten, Pharmakologisches Modell für Lesch-Nyhan-Syndrom

Serotonerges System erniedrigt	*Untersuchungen am Tier*: Zunahme aggressiver Verhaltensweisen nach experimentellen Serotoninmangel, Isolationsbedingte Aggressivität bei Mäusen mit Serotoninmangel assoziiert
	Befunde beim Menschen: Signifikante Erniedrigung von HIES als Abbauprodukt des Serotonins im Liquor bei depressiven Patienten mit anamnestisch bekannten Suizidversuch, Suizidgedanken und mit nachfolgendem Suizidversuchs sowie bei BPO mit anamnestisch bedingtem Suizidversuch/aggressiven Verhaltensweisen Unterfunktion bei Patienten mit erhöhter impulsiver Aggressivität gemessen mittels Serotoninfunktionstest
	Signifikante negative Korrelation zwischen Ausmaß an Selbstverstümmelung/Impulsivität und Anzahl von Imipraminbindungsstellen (Parameter präsynaptischer Aktivität)
	Pharmakologische Studien: Fluoxetin bei Patienten mit BPO und schizotypischer Persönlichkeitsstörung wirksam Clomipramin wirksamer als Desipramin bei Patienten mit Trichotillomanie

Ethologische und *psychobiologische* Ansätze ermöglichen es, Verständigungsbrücken zwischen biologischen, lerntheoretischen und entwicklungspsychologischen Modellen zu schlagen. Wir haben Hinweise, daß dem selbstbeschädigenden Verhalten eines Erwachsenen regelhaft in der Kindheit Deprivation und Mißhandlung vorausgingen. Nach BOWLBY (1975) verhalten sich Erwachsene und Kinder in einer Wechselseitigkeit, die sich auf eine spezifische Bindung (attachment) hin entwickelt. Seine Annahme sagt voraus, daß sich das bindende Kleinkind auch dann an das Elternobjekt anschließe, wenn dieses als Stressor wirke. EIBL-EIBESFELDT (1984) fragt sich, mit welchen Situationen Lernen und Verlernen (er spricht von An- und Abdressieren) verbunden sind und kommt zur Überlegung, daß »Strafreize nicht immer abdressierend« wirken. So ist nach ihm »Submission« eine Antwort auf Bestrafung durch Artgenossen. Strafe man einen Hahn immer dann, wenn er submissives Verhalten zeige, dann bekräftige man dieses Verhalten. Die Genese dieser Unterwerfung ist in den frühesten Objektbeziehungen zu suchen. »Von Müttern mißhandelte Kinder zeigen keineswegs immer Vermeidungsreaktionen, vielmehr erweisen sie sich in der Regel stärker an ihre Mutter gebunden. Bei Schmerz sucht man am besten bei der Mutter Schutz. Daß diese selbst Ursache der Schmerzen sein kann, ist bei Tieren unwahrscheinlich« (EIBL-EIBESFELDT 1984, S. 315).

HARLOW et al. (1971, 1974) haben in mehreren beklemmenden Studien an Rhesusaffen die Folge früher Deprivation untersucht. Sie untermauern die oben genannten biologischen Modelle der Selbstverletzung. HARLOW zog Affenkinder an Surrogat-Müttern aus Draht und Frotteestoffe auf. Die so aufgezogenen Affenkinder konnten weder spielen noch später reife Sozialbeziehungen entwickeln. Statt dessen zeigten sie unkontrollierbare Ängste, Ausbrüche heftiger Erregung und (Selbst-) Zerstörungswut. Wuchsen diese mutterlos aufgezogenen Affen später zu Müttern heran (motherless mothers), so war bei aller Variabilität des Verhaltens der Umgang mit ihren Kindern eindeutig mißhandelnd. Isolation und Deprivation in der Entwicklung, Bindungsstörungen, später vorherrschende Gefühle sozialer Isolation und Einsamkeit mit der Folge interpersoneller Frustration lassen sich als Prädikatoren für selbstverletzendes Verhalten aus den Tiermodellen ableiten.

Eine klinische Verbindung, die die Pathogenese der Selbstbeschädigung besser verstehbar macht, stellt das Münchhausen-Syndrom in Vertretung (Münchhausen by proxy) dar (MEADOW 1977), der durch Mütter erzeugte Artefakt-Krankheit an ihren Kindern. Die Krankheiten der Kinder bestehen aus phantasierten Krankheitsgeschichten, manipulierten körperlichen Befunden wie aus heimlichen Mißhandlungen. Viele der untersuchten Mütter stammen aus medizinisch oder paramedizinischen Berufen. Auffällig häufig waren sie früher selbst durch autodestruktives Verhalten aufgefallen. Pathogenetisch bedeutsam erscheinen bei ihnen früher Verlust primärer Objekte, sexueller Mißbrauch und frühe psychogene und organische Erkrankungen zu sein.

In der Biographie von sich offen und heimlich selbstbeschädigenden Patienten lassen sich entsprechende typische Realerfahrungen herausarbeiten:

Tabelle 8: Typische Realerfahrungen in der Biographie von sich offen und heimlich selbstbeschädigenden Patienten (PAAR 1987, PLASSMANN 1994b, SACHSSE 1994a)

- kindliche Konfrontation mit Krankheit oder Verlust
- früher Objektverlust
- frühe Parentifizierung und pathologische Kommunikationsstile in der Ursprungsfamilie
- infantile Bindung an eine Arztperson
- Realtraumata in Form körperlicher und sexueller Gewalt in Latenz und Adoleszenz
- besondere Affinität zum Gesundheitswesen durch Berufswahl oder persönliche Bindungen.

Lerntheoretische Modelle zur Selbstbeschädigung helfen zum Verständnis der Chronifizierungsneigung. Es lassen sich wichtige Bausteine zur Therapie ableiten:

Tabelle 9: Lerntheoretische Modellvorstellungen zur Selbstbeschädigung (CARR u. DIAMOND 1985, HERPERTZ u. SAß 1994).

- Selbstverletzung tritt als Folge operanten Lernens auf
- Selbstverletzendes Verhalten kann in zwei Klassen aufgeteilt werden: aufmerksamkeitssuchendes Verhalten und vermeidendes Verhalten
- offene Selbstverletzung aktiviert bei Begleitpersonen und medizinischem Personal Besorgnis und Zuwendung. Wünsche nach Nähe, Pflege und Zuwendung werden durch positive soziale Verstärkung erfüllt
- bei Selbstverletzern herrschen Kognitionen der Selbstverachtung und Selbstbestrafung vor
- autoaggressive Gedanken fließen in zwischenmenschliche Beziehungen ein
- Selbstverletzung wird als Vermeidungsverhalten eingesetzt, um negative Emotionen zu beenden und bestimmten sozialen Anforderungen auszuweichen
- selbstverletzendes Verhalten kann als dysfunktionale Form von Problemlösungsstrategie aufgefaßt werden.

Psychodynamische Modellvorstellungen berücksichtigen entwicklungspsychologische Befunde und führen zu einem tiefergehenden Verständnis sich selbstverletzender Patienten.

Demnach verletzen sich Patienten dann selbst, wenn sie sich von einer Angst vor Selbstauflösung dazu getrieben fühlen. Selbstbeschädigung definiert sich als Aggression, die das Ich-

151

Selbst-System gegen das Körper-Selbst richtet. Das Selbst schädigt sich selbst, besser ein Teil des Selbst den anderen. Der Körper beziehungsweise der beschädigte Körperteil enthält Objekterfahrungen und übernimmt Objektfunktionen. In der Selbstbeschädigung wird die Dynamik der Traumatisierung durch ein schädigendes Objekt reinszeniert und als Drama am eigenen Körper dargestellt. Insoweit hat auch der Begriff der Autoaggressionskrankheit seinen Sinn: Ein Teil des Körpers wird dem anderen fremd. Gleichzeitig wird ein Doppeltes sichtbar: die *Selbsterfahrung* mit dem eigenen Körper und die *Objekterfahrung* am eigenen Körper mit der frühen Mutter oder späteren Schädigern (HIRSCH 1989). Die in diesen frühen Erfahrungen auf den kindlichen Körper eingewirkten widersprüchlichen Affekte erleben wir in der Gegenübertragung bei dem sich selbst beschädigenden Patienten. Entweder möchten wir ihn halten und beruhigen, oder wir verspüren Wut, möchten ihn abstoßen und ihn in seiner Körperintegrität verletzen.

Ein Säugling, der in einer durchschnittlichen guten Umgebung aufwächst, versucht schon in den ersten Lebensmonaten sein sich entwickelndes Selbst gegen eigene aggressive Triebregungen zu schützen. Über die Körperorgane Mund und Hand werden Selbst und Nicht-Selbst zunehmend differenziert (HOFFER 1981). Libidinös wird dabei der eigene Körper entdeckt und zu einem Körper-Selbst integriert. Es ist die Schmerzgrenze, die den Säugling vor den auf sich selbst gerichteten aggressiven Affekten schützt. Die frühesten Körperzonen, die ein persönliches Erleben des eigenen Körpers, getrennt von dem des anderen ermöglichen, sind Gesicht und Genitalbereich (GREENACRE 1958). LICHTENBERG (1991) meint, daß die wachsende Leib- und Genitalbewußtheit den Bereich der Selbstabbildungen erweitern, indem sie diejenige Erlebnisweise intensivieren, in der ein Teil des Selbst den Status eines »Objekts« gewinnt, während ein anderer Teil des Selbst in einer Situation mäßig großer emotionaler Spannung den Status des »Handelnden« beibehält. Die Integration dieser beiden Aspekte des Selbst (erregt reagierend und steichelnd) zu einer Einheit trägt zum Erleben des ganzheitlichen Selbst als Ort, als »Container« bei. Die Selbstgrenzenbildung ist abhängig von guten Grenzerfahrungen, insbesondere von einer genügend guten mütterlichen Umgebung (WINNICOTT). Taktile Reize und Tiefensensiblität beim Säugling werden durch den Kontakt mit dem mütterlichen Körper gefördert. Die genügend gute Mutter hilft dem Säugling, viszerale, entero- und propriozeptive Spannungen abzubauen. Die zunächst erfor- derliche reale körperliche Anwesenheit der Mutter wird zuneh- mend durch die Phantasie des Kindes ersetzt und symbolisiert: Proto-Symbole (Daumenlutschen), Übergangsobjekt (Schmuse- decke) bis zum gedanklichen Symbol, dem Erinnerungsbild der Mutter. Diese Symbolisierung geht einher mit einer Desoma- tisierung der Affekte (Schur 1974).

In der Abwesenheit des frühen mütterlichen Objekts helfen Körpersensationen vorübergehend illusionär, die abwesende Mutter zu phantasieren. Die Beziehungsqualitäten zu den frü- heren Objekten werden als Beziehungsepisoden abgespeichert, beispielsweise im ganzen Pflegevorgang (Tulving 1972). Diese Episoden (RIGS, sogenannte generalisierte Interaktionsreprä- sentationen, Stern 1986) fließen zu einem Prototyp einer durch- schnittlichen Erfahrung zusammen, wie beispielsweise mit ei- nem pervers-guten Objekt. Auf diese Erinnerungsspur greift das Selbst später wieder zurück, wenn im psychosomatischen Sym- ptom eines Körperteils eine Körperfunktion das abwesende Ob- jekt repräsentiert.

Die Mütter von Selbstbeschädigungs-Patienten sind ihren Kindern gegenüber ambivalent bis feindlich eingestellt. Am Modell des *Münchhausen by proxy* können wir nachvollziehen, daß sie ihre Kinder als einen Teil ihres Körper-Selbst benutzen und schädigen. Am Körper des Kindes führen sie diejenigen Af- fekte ab, die sie selbst nicht bewältigen können. Eine illusionäre Fusion mit der Mutter bleibt erhalten. Durch die realen trau- matisierenden Übergriffe und Verletzungen wird der Prozeß der Individuation und Separation behindert. Die Mutterrepräsentanz lebt gewissermaßen in einem symbolisch besetzten Körperteil fort. In der Repräsentanzwelt des Kindes fehlt der Vater. Da- mit wird die Entwicklung eines kohärenten Selbst und einer ein- heitlichen Identität behindert. Der Körper des Kindes unterliegt nicht nur der wachsenden Selbstkontrolle, er gehört auch ande- ren, der Mutter als symbiotisches Selbstobjekt und später dem Vater als sexuell symbiotisches Selbstobjekt (Hirsch 1987).

Im Sinn des Pars-pro-toto sind in dem quälenden, schmer- zenden, juckenden Körperteil aufgrund der frühen Beziehungs- episoden die Objekterfahrungen mit Mutter und Vater eingespeichert. Entsteht unter dem Druck der Realität eine narzißtische Dysharmonie, stellt sich ein Drangzustand mit quälenden Scham- und Schuldaffekten ein. Dem Patienten steht nur eine Abwehrorganisation zur Verfügung, die es ihm erlaubt, die verleugneten Affekte mit Hilfe der Notfallfunktion der *Dissozia-*

Tabelle 10: Idealtypischer Ablauf einer offenen
Selbstverletzungsepisode

Auslösende Situation:
Erfahrung von Versagen und Mißerfolg, reale oder phantasierte Zurückweisung, Verlust einer signifikanten Beziehungsperson führen zu Alleinsein und Loyalitätskonflikten.

Affektveränderungen:
dysphorische Stimmung, Angst, Hilflosigkeit, Hoffnungslosigkeit, Scham- und Schuldgefühle, Wut- und Rachegefühle gegen andere, Wendung der Aggression gegen das Selbst.

Frustrane Handlungsalternativen:
Versuch, der drohenden Selbstbeschädigung zu entkommen durch Arbeit, Beziehungsaufnahme, Alkohol, Medikamente, Drogenkonsum.

Negative Kognitionen:
Entfremdungserlebnisse mit Leere- und Benommenheitsgefühlen, Rigidität und Dichotomisierungstendenz verhindern selbstabwehrende Handlungsalternativen.

Vegetative und psychoendokrine Streßreaktion:
Flucht-Kampf-Reaktion, Opioidsystem erhöht, dopaminerges System erhöht, serotonerges System erniedrigt.

Depersonalisation, Derealisation:
Ich-Dystonie, Veränderung der Sinneswahrnehmungen, Veränderung allgemeiner Körpergefühle, Störungen der Zeit- und Raumwahrnehmung, Angst vor Fragmentierung.

Offene Selbstbeschädigung:
Selbstinduziert, gelegentlich ritualisiert, in einer pervers-masochistischen Szene, beendet quälenden Zustand der Depersonalisation, im Selbstbeschädigungsakt Hypo/Analgesie oder lustvolle Stimulation.

Nachwirkungen:
Körperselbstgrenzen wieder aufgerichtet, Spannungsreduktion, Hebung der Affektlage, Steigerung des Selbstwertgefühls, später Schuld-, Scham- und Trauergefühle möglich.

tion, gefolgt von der Selbstverletzung zu begegnen. Idealtypisch läßt sich eine offene Selbstverletzungsepisode folgendermaßen aufgliedern. Im Mittelpunkt dieses Modellansatzes steht die drohende *Depersonalisation* und *Derealisation*, auf die insbesondere ECKHARDT und HOFFMANN (1993) hingewiesen haben.

Die beiden Autoren verweisen darauf, daß bei der heimlichen Selbstbeschädigung die Ärzte interaktiv durch schmerzhafte Eingriffe zur Wiederaufrichtung der Körperselbstgrenzen beitragen. Gleiches gilt für die Reaktion des Körpers auf eine heimlich selbstinduzierte Selbstbeschädigung durch Schmerzen, Entzündungen etc.

Analog zu MORGENTHALERS (1984) Verständnis von der selbstschützenden Funktion der Perversion können wir den Akt der Selbstbeschädigung als Plombe verstehen. Selbstbeschädigung dient nicht nur der Spannungslinderung, sondern ist mit euphorischen Gefühlen bis hin zu sexueller Erregung verbunden (ASCH 1971). Die frühe passiv-masochistische Erfahrung eines Ausgeliefertseins an einen sadistischen Elternteil wird überwunden durch die aktive Ausgestaltung der Situation. In einer regressiven Anpassungsleistung werden kränkende Zurückweisungen und das Aufkommen feindseliger Destruktivität in bezug auf das Objekt und am eigenen Körper abgeführt (PARENS 1993). Neben der Reinszenierung der frühen Objekterfahrung sehen wir im Selbstbeschädigungsakt somit auch eine eigene kreative Leistung des Patienten. Mit der Selbstbeschädigung eines Körperteils wird die Desintegration verhindert und das ganze Selbst gerettet: Selbstzerstörung als Selbsterhaltung (PAAR 1987).

Therapie

Bis heute liegt kein standardisiertes Therapiekonzept vor. Systematisch evaluierte Studien fehlen. Über die Behandlung von Artefakt-Patienten wurden in ca. 350 Veröffentlichungen berichtet (PLASSMANN 1994c). Jedoch ist es in Umrissen möglich, eine Praxeologie anzugeben. Wie für die Behandlung anderer schwerer Persönlichkeitsstörungen ist von einer psychotherapeutischen Behandlungsdauer von etwa 5 bis 7 Jahren auszugehen. Es ist mit dem Patienten, den beteiligten Ärzten und der

Institution eine langfristige Behandlungsplanung anzustreben. Damit sollen weitere unnötige diagnostische und therapeutische Eingriffe minimalisiert und das schwierige Behandlungsfeld einigermaßen überschaubar gehalten werden.

Es lassen sich mehrere Behandlungsphasen idealtypisch unterscheiden, in denen verschiedene therapeutische Ansätze und psychotherapeutische Techniken unterschiedliche Wertigkeit haben (SACHSSE 1994b):

Tabelle 11: Behandlungselemente in Phase I bei Patienten mit offener und heimlicher Selbstbeschädigung

– Diagnosefeststellung
– Vermeiden weiterer invasiver diagnostischer Maßnahmen
– mit Hilfe konservativer Therapiemethoden Wunsch des Patienten nach eingreifenden Therapien umgehen
– Hinzuziehen eines psychiatrischen/psychosomatischen Konsiliarius
– Diagnosemitteilung mittels supportiver psychotherapeutischer Behandlungstechniken: nicht-konfrontativ, das Gesicht wahrend, unvollständige/verzögerte/ungenaue/metaphorische Interpretation, eher beiläufige Erwähnung der Artefaktbehandlung
– Überführung der heimlichen Selbstbeschädigung (ich-dyston) in eine offene Form (ich-synton) mittels psychotherapeutischer Behandlungsmethoden
– kooperatives Behandlungskonzept zwischen Patient, niedergelassenen Ärzten, Krankenhaus, Patient zum Partner der Therapie machen, nach Einverständnis offene Information zwischen Ärzten, Verantwortungsübernahme für die Therapieplanung durch einen Arzt/eine Institution
– in Krisen Aufnahme in entsprechendes Fachkrankenhaus oder geschlossene/offene psychiatrische Station
– fachärztlich gesteuerte Psychopharmaka- und Schmerzmedikation
– Patient für Langzeit-Therapie gewinnen als Intervalltherapie
– die am eigenen Körper vollzogene Selbstbeschädigung schrittweise in eine therapeutische Beziehung einbringen
– Therapieziel: langfristige Symptombesserung durch die Veränderung der pathogenen psychodynamischen Prozesse.

I Diagnosemitteilung, akute Krisenintervention
II stationäre psychiatrische/psychotherapeutische Therapie
III ambulante Psychotherapie

Phase I: Selbstbeschädigungspatienten werden dem Psychotherapeuten oder Psychiater oft erst nach jahrelanger Krankenkarriere konsiliarisch vorgestellt. Handelt es sich um einen Patienten mit dem Verdacht heimlicher Selbstbeschädigung, droht der Konsiliarius in eine Beziehungsfalle zu geraten, wenn ihm seitens der überweisenden Ärzte übermittelt wird, dem Patienten sein Geheimnis zu entlocken. Hilfreicher ist eine Arbeitsteilung, in der der Stationsarzt die Realität vertritt, der Konsiliarius sich gleichzeitig als gutes Objekt anbietet. In dieser Phase geht es darum, mit Hilfe supportiver psychotherapeutischer Elemente eine therapeutische Beziehung aufzubauen. Unter allen Umständen sind konfrontative Diagnosemitteilungen zu vermeiden. Sie sind aus dem Gegenübertragungsärger eines Arztes nachvollziehbar, jagen aber eher den Patienten in die Flucht. Statt dessen gilt es, den Patienten vor sich selbst und vor möglichen weiteren invasiven diagnostischen und therapeutischen Eingriffen zu schützen. Der therapeutische Beziehungsaufbau gestaltet sich oft langsam und frustrierend, der Patient ist bislang den Umgang mit dem pervers-guten Objekt gewöhnt.

Selbstbeschädigungspatienten betreiben meist einen offenen oder heimlichen Mißbrauch an Analgetika bis hin zu Opiaten. Psychopharmaka sind meist in Phase I und Phase II indiziert. Bislang wurde allerdings kein eindeutiger Nachweis über eine spezifische Wirksamkeit bei Patienten mit Selbstbeschädigung erbracht. Klinische Erfahrungen und Studienergebnisse liegen über folgende Substanzklassen vor:

Tabelle 12: Psychopharmaka in der Behandlung von Patienten mit Selbstverletzungen (modifiziert nach HERPERTZ u. SAß 1994)

- Antidepressiva vom Typ der 5-HT-Wiederaufnahmehemmer wie Fluoxetin (geringe Letalität, günstiges Nebenwirkungsspektrum)
- nichtselektive MAO-Hemmer für Zielsymptom Dysphorie
- Lithium, Neuroleptika
- Carbamezepin
- cave Benzodiazepine wegen paradoxer Wirkung.

Die Behandlungsprobleme in der *Phase II* von Patienten mit offener Selbstverletzung sind in Form eines Behandlungsmanuals von SACHSSE (1994a) beschrieben worden. Er ergänzt das KERNBERGsche Behandlungskonzept psychodynamischer Psychotherapie von Borderline-Patienten (KERNBERG et al. 1993) durch das Konzept der Psycho-Synthese von BENEDETTI (1983) und dem ich-psychologischen von BLANCK und BLANCK (1980, 1985). Die psychotherapeutische Behandlung wird als stationäre Langzeittherapie oder als Intervalltherapie durchgeführt. Über lange Zeit sind krisenhafte Verlegungen auf die geschlossene psychiatrische Station oder zum Chirurgen zum Nähen erforderlich. Die Behandlung geschieht durch ein Team, im Mittelpunkt steht die intensive Einzeltherapie mit etwa 3 Sitzungen in der Woche. In Anlehnung an SACHSSE (1994a), PLASSMANN (1994d), SCHÖTTLER (1981) und aufgrund eigener Erfahrungen werden folgende Behandlungsaspekte genannt:

Tabelle 13: Behandlungselemente in Phase II bei Patienten mit offener
Selbstbeschädigung

- praxisrelevante Absprachen – Behandlungsverträge;
- Gegenübertragung: ständige Reflexion und Bearbeitung der eigenen Empathiestörung, Selbsterfahrung, Supervision;
- Bearbeitung des »pervers-guten Objekts«: Untersuchung der selbstschädigenden und selbstfürsorglichen Anteile beim Selbst und bei den Selbstobjektbeziehungen;
- Bearbeitung affektiv verzerrter Realitätswahrnehmungen;
- Umgang mit dem Körper des Patienten: Psychotherapie als exklusive verbale Beziehung, Grenzsetzungen, konsiliarische Überweisung bei Komplikationen in andere Abteilung/Klinik;
- Förderung einer kohärentern Ich-Selbst-Struktur, dabei gilt Selbstbeschädigungsakt als Plombe einer fehlgegangenen narzißtischen Entwicklung (MORGENTHALER): Symptom steht für Defizite in der Selbst-/Objektwahrnehmung, Realitätswahrnehmung, Frustrationstoleranz, Affektdifferenzierung;
- Entwicklung der Selbstfürsorge am eigenen Körper (SCHÖTTLER);
- Dosierung der Nähe- und Distanz-Problematik;
- Umgang mit Erinnerungen an das Realtrauma: Kumulative Traumata werden eher über Träume und Deckerinnerungen reproduziert, Erarbeiten von Handlungsalternativen, Erinnerung retraumatisierend;
- Dekonstruktive Arbeit am Schlechten;
  - Komplikationen
  - schwere Formen des Behandlungswiderstandes

- Umgang mit Acting out
- Umgang mit negativ therapeutischer Reaktion
- Symptom als narzißtischer Triumph
- Objektumkehr
- Suizidalität etc.
- Umgang mit Parametern; latente Schmerzmittelabhängigkeit, offen gehaltene Wunden etc.
- Bearbeitung der Trennung von Station

Die sich anschließende mehrjährige *Behandlungsphase III* sollte vom stationären Einzeltherapeuten weitergeführt werden. Da nur wenige stationäre Zentren über ausreichende Erfahrungen in der längerfristigen Psychotherapie verfügen, werden Patienten auch überregional überwiesen. Die ambulante psychodynamische Psychotherapie sollte über mehrere Jahre durchgeführt werden. Im Verlauf der Behandlung beobachten wir Symptomwechsel. Geläufig sind phasenhaft Anorexie/Bulimie, gehäufte Unfälle (PLASSMANN 1987; ECKHARDT 1987). Erste katamnestische Untersuchungen sind ermutigend (PLASSMANN 1994d; FREYBERGER et al. 1994; SACHSSE 1994a).

Ulrich Sachsse

Symptomwandel als Zeichen der Progression in der Psychotherapie von Patientinnen mit selbstverletzendem Verhalten (SVV)

Die Arbeit mit strukturell ich-gestörten Patienten (Fürstenau 1992) hat die Psychoanalyse veranlaßt, ihre ursprünglich für neurotisch erkrankte Menschen entwickelten Annahmen zur angemessenen Behandlung zu ergänzen. Die ursprüngliche Annahme war, es sei optimal, in der analytischen Situation die regressiven Tendenzen der Seele zur Entfaltung und zur Darstellung kommen zu lassen. Aufgabe des Analytikers ist es, diese regressiven Manifestationen zu erkennen und dem reifen Ich des Analysanden per Deutung einsichtig zu machen. Dieses reife Ich kann dann aus erwachsener Stärke und eigener Kraft entscheiden, ob es die bisherigen Konfliktlösungen beibehalten oder neue entwickeln will. Diese am Erkenntnis- und Einsichtsideal der Aufklärung orientierte Grundannahme der Psychoanalyse zum Heilungsprozeß hat konsequent zu einer einseitigen diagnostischen Erfassung der *regressiven* Phänomene des Seelenlebens geführt (Pahl 1994). Sie hat auch dazu geführt, daß fast jedes seelische Phänomen primär als ein regressives betrachtet wurde; war es kein offenkundig regressives Phänomen, so war es zumindest in der psychoanalytisch-psychotherapeutischen Situation zunächst mal ein Widerstand dagegen.

Diese einseitige Betrachtungsweise hat frühzeitig einen Gegenakzent etwa in der analytischen Psychologie C.G. Jungs erfahren, der auf die prospektiven und progressiven Anteile etwa in Träumen und Phantasien hingewiesen hat. In den letzten beiden Jahrzehnten hat sich hier auch im psychoanalytischen Denken ein grundlegender Wandel vollzogen. Im deutschsprachigen Raum hat insbesondere Fürstenau (1992) einen Paradigmawechsel der Psychoanalyse gefordert und gefördert. Er empfiehlt, Psychotherapie als gezielte *Entwicklungsförderung* anzuwenden. Auf der Basis der Ich-Psychologie von HARTMANN (1972, 1975) und RAPAPORT (1967) haben HEIGL-EVERS, HEIGL und Mitarbeiter (HEIGL-EVERS und OTT 1994) die psychoanalytisch-interaktionelle Methode entwickelt, durch die explizit psychoedukativ Ich-Funktionsdefizite zur Entwicklung angeregt werden. Die Katathym-imaginative Psychotherapie (K.i.P.) versteht sich bei psychosomatisch Erkrankten mit ihren Störungen des Affekt- und Phantasieerlebens auch als ein Trainingsprogramm zur Förderung der Phantasiefähigkeit, der basalen Sinnesqualitäten (BARTL 1984) und des differenzierten Affekterlebens (SACHSSE und WILKE 1987). Nicht psychoanalytische Verfahren wie die Hypnotherapie in der Nachfolge MILTON ERICKSONS (GRINDER und BANDLER 1994) sind entschieden progressions- und ressourcen-orientiert.

Vermutlich arbeitet heute kaum noch ein Psychotherapeut gleich welcher theoretischen Provenienz ohne Interventionen, die seiner Meinung nach direkt Progression fördern. Ich meine aber, daß hier die Praxis der Theorie – jedenfalls im Bereich der psychoanalytischen Therapie – immer noch weit voraus ist. In sehr vielen Stichwortverzeichnissen psychotherapeutischer Bücher kommt das Wort *Regression* mit mehreren Unterstichworten vor, das Wort *Progression* aber überhaupt nicht (PAHL 1994, S. 9).

Bei meiner therapeutischen Arbeit mit Patientinnen, die als Leitsymptom offen selbstverletzendes Verhalten (SVV) in Form von Schneiden, Brennen und Verbrühen der Haut hatten (SACHSSE 1994), verdanke ich Professor FRANZ S. HEIGL als einem meiner Kontrollanalytiker die Anregung, zu der von KERNBERG (1978) empfohlenen genauen Beachtung aller Manifestationen negativer Übertragung komplementär immer alles auch daraufhin zu überprüfen, welche gesunden, sinnvollen, progressiven, nach MELANIE KLEIN (1972) »guten« Anteile darin enthalten sind (HEIGL und TRIEBEL 1977). Dieser Blickwinkel hat es mir ermöglicht, in den vordergründig nur selbstschädigenden Verhaltensweisen meiner Patientinnen Selbstfürsorge und Selbstbestätigung zu entdecken (SACHSSE 1987). Die Symptomhandlung wurde verständlich als »Plombe im Ich« (MORGENTHALER 1974), die wie die perverse Symptomhandlung defizitäre Ich-Funktionen wie Binnenwahrnehmung, Frustrationstoleranz, Umgang mit Trieben und Affekten, adaptive Regression im Dienste des Ich, Antizipationsfähigkeit und die synthetische Ich-Funktion ersetzt. SVV ist in dieser Sichtweise als ein globales seelisches Druckventil, als Antidepressivum, Antipsychotikum, Suizidprophylaxe, als Mittel zur Beendigung von Depersonalisationszuständen und als zentrales narzißtisches Regulans immer auch ein *selbstfürsorglicher Akt*.

Bei meinen ersten längeren Therapien von SVV-Patientinnen ließ mich ein Geschehen fast verzweifeln, das ich zunächst als Symptomverschiebung verstand. Gelang es den Patientinnen mit Hilfe der Therapie, auf Selbstverletzungen zunehmend zu verzichten, so wichen sie statt dessen auf andere Symptomhandlungen aus, etwa einen Substanzabusus. Und war es in der Therapie einen spürbaren Schritt vorangegangen, entwickelte sich auf einmal eine völlig neue Symptombildung, etwa eine psychosomatische Reaktion. In mir verfestigte sich die Sichtweise: Diese Patientinnen *haben* an Symptombildungen entweder von Anfang an fast alles, oder sie *bekommen* es im Lauf der Therapie. Für die massiven negativen therapeutischen Reaktionen hatte ich wenigstens von Anfang an ein verläßliches theoretisches Verständnisgerüst (FREUD 1933, S. 117; KERNBERG 1988, S. 349). Dieses Phänomen aber war ausschließlich eine permanente Kränkung, solange ich es nur als Symptomverschiebung verstehen konnte. Ich bekam die (unbegründete) pessimistische Einschätzung: Durch Psychotherapie läßt sich bei dieser Patientinnengruppe allenfalls eine Symptomverschiebung erreichen, aber keine bleibende, strukturelle Verbesserung.

Je mehr Patientinnen ich behandelte, um so deutlicher wurde mir, daß die Symptombildungen eine gewisse zeitliche Abfolge aufwiesen. Am Anfang stand selbstverletzendes Verhalten, verbunden mit Medikamenten- und/oder Alkoholabusus. Langsam schob sich der Akzent hin zum Abusus, das SVV wurde seltener. Daran anschließend kam es zu fremdaggressiven Verhaltensweisen, nicht immer nur verbaler Art. Psychosenahe Zustände entwickelten sich häufig, aber nicht immer, später ebenso eine Neigung zu Unfällen. Fast regelhaft kam es in fortgeschrittenen Therapiephasen zu psychosomatischen Symptombildungen, danach zu Organerkrankungen, die nicht zum engeren Kreis der Psychosomatosen gehören. Diese Abfolge *SVV – Abusus – Fremdaggression – psychosenahe Zustände – Unfälle – Psychosomatosen – Organerkrankungen* ist mir inzwischen auch von anderen Therapeuten und Therapeutinnen wie ECK-HARDT, HIRSCH, OTT, PAAR und PLASSMANN bestätigt worden. Natürlich handelt es sich hier nicht um eine gesetzmäßige, konsekutive Reihung, sondern um eine schwerpunktmäßige, häufige Abfolge mit vielfältigen Variationen und Kombinationen.

Läßt sich in dieser Abfolge eine Progression, ein therapeutischer Fortschritt erkennen? Beginnen wir mit dem Leitsymptom als Ausgangspunkt. SVV kann eine Symptombildung auf ganz unterschiedlichem Strukturniveau sein. HIRSCH (1989, Kapitel 1 und 2) hat verdeutlicht, daß SVV ein sehr frühes Übergangsphänomen, vergleichbar dem Schaukeln oder Kopfschlagen des deprivierten Säuglings, sein kann. Es kann bei fortgeschrittener Symbolisierungsfähigkeit eine Handlung sein, die die Haut als Übergangsobjekt verwendet. Sofern wir die Objektbeziehungstheorie zur Anwendung bringen, wird die Symptomhandlung verständlich als die autistisch vollzogene Szene eines ursprünglichen Zwei-Personen-Stücks: Der leidende, gespannte, dysphorische Körper verlangt nach Bemutterung. Diese Bemutterung geschieht wie bei einem insuffizienten, überforderten Elternobjekt in Form von Kindesmißhandlung, also durch Zufügen von Schmerzreizen im Rahmen eines mütterlichen oder väterlichen Kontrollverlustes mit Impulsdurchbruch. Ein überfordertes, wütendes Mutter-Selbst stillt das schreiende, böse Kind/Körper-Objekt durch Mißhandlung und Schmerzen. Es schafft in einem schmerzhaften Handlungsvollzug ein Körpergrenzerleben, eine Spannungsabfuhr und Spannungslösung. Das leidende Körper-Selbst wird als Objekt weder nur gut noch nur schlecht behandelt, sondern sowohl gut als auch schlecht, und das heißt in diesem Kontext: konfus. Das *primäre Objekt der Selbstfürsorge ist ein konfuses Objekt*. Das Symptom SVV kann aber auch ein hochgradig ritualisiertes perverses Symptom sein, etwa wenn eine Patientin nach der Arbeit eine Flasche Sekt und einige Kerzen kauft, sich zu Hause Schmusemusik auflegt, sich die Innenseite ihrer Oberschenkel als »delicate self-cutting« (PAO 1969) verletzt und dabei sich selbst befriedigt. Die Symptomhandlung kann somit sowohl eine Art reflexnahes Notfallgeschehen sein, um eine Ich-Fragmentierung zu verhindern, als auch eine bewußt intendierte, ja zelebrierte Handlung, die überlegt und vorbereitet ausgeführt wird.

Stellt ein *Substanzabusus* als Ich-Funktions-Ersatz (KRYSTAL und RASKIN 1983) einen Fortschritt dar gegenüber SVV als Ich-Funktions-Ersatz? Meines Erachtens ist dies in mehrfacher Hinsicht zu bejahen: Zum ersten ist die Substanz, etwa Alkohol oder ein Benzodiazepin, ein Außenobjekt. Bekanntlich wird von SVV-Patientinnen der eigene Körper fast ausschließlich als Objekt (HIRSCH 1989), als Nicht-Selbst empfunden. Das leidende Körper-Selbst kann während der Kindheitsentwicklung nicht im Selbst integriert werden, weil die ausgleichenden guten Erfahrungen fehlen, die eine solche Integration erst ermöglichen würden. So verbleiben im Körper-Selbst ausgedehnte Zonen: symbiotisch-fusionäre Zonen, Spaltungs-Zonen, Entwertungszonen oder sogar tote Zonen (PLASSMANN 1993, 1994), auf und in die archaische Phantasien projiziert werden. Aber der eigene Körper ist realitär ein Selbst-Anteil, er wird zum Nicht-Selbst nur umgedeutet. Der Rückgriff auf das echte Außenobjekt Suchtmittel ist somit realitätsnäher als der Rückgriff auf das Phantasma »Außenobjekt eigener Körper«. Zudem ist mit einem Substanzmißbrauch die Hoffnung und die Erfahrung verbunden, daß ein Außenobjekt beruhigen und stillen kann. Das Suchtmittel soll auch *direkt* das psychophysiologisch aufgewühlte oder dysphorische Vegetativum stillen und beruhigen, während dies beim SVV ja über den Umweg einer Stabilisierung der Körper-Selbst-Grenzen erfolgt (TAMELING und SACHSSE 1995). Natürlich ist ein Suchtmittel kein sehr reifes Außenobjekt: Es ist unbelebt – es sei denn, es wird animistisch belebt wie in dem Lied von MARIO MÜLLER-WESTERNHAGEN »Johnny Walker, du bis mein bester Freund«; es ist jederzeit verfügbar, manipulierbar, und es ist natürlich alles andere als »nur gut«. Aber – und hierin sehe ich den zweiten entscheidenden Schritt gegenüber SVV: Gut und Schlecht treten im Erleben auseinander. Die konfuse Situation erfährt eine erste Trennung. Zumindest ist ein Suchtmittel kurzfristig auf einem regressiven Niveau nur gut, nämlich beruhigend, angstlösend, vielleicht sogar euphorisierend (TRESS 1985). In diesen beiden Aspekten – der Wendung von der autistischen, retraumatisierenden Inszenierung traumatischer Ereignisse hin zur Welt der Objekte und der *Defusionierung* von Gut und Schlecht – sehe ich progressive Ansätze beim Substanzmißbrauch gegenüber dem Körpermißbrauch.

Selbstverständlich ist süchtiges Verhalten nicht nur ein begrüßenswertes Zeichen von Progression, sondern auch eine große Gefahr für die Patientinnen, und manche bleiben in ihrer Entwicklung hier stecken. Sie rutschen ab in die Drogenszene oder in Alkoholabusus. Andererseits habe ich noch keine therapeutische Entwicklung einer Selbstbeschädigungspatientin erlebt, in der es nicht eine oder mehrere Phasen süchtigen Verhaltens gegeben hätte.

Da ist es schon leichter, den progressiven Charakter von *Fremdaggressionen* zu würdigen. Fremdaggressive Verhaltensweisen wie kleinere Tätlichkeiten, Zerstörung von Blumenvasen, Tellern und Aschenbechern oder verbale Attacken sind kein diagnostisches Verständnisproblem; sie sind ein soziales Problem. Diagnostisch ist offenkundig, daß die Wendung der Aggression ausschließlich gegen die eigene Person, wie es für diese Untergruppe der Borderline-Patientinnen so typisch ist (SACHSSE et al. 1994), nachläßt, so daß eine Sozialisation der aggressiven Impulse möglich wird. Diese Sozialisation wird dann aber nicht nur möglich, sondern auch erforderlich. Ich kann niemanden mit dem, was ich durch die Therapie bei ihm mobilisiert habe, einfach allein lassen, wenn er nicht über ein stabiles Ich verfügt – und selbst dann bin ich diesem therapeutischen Stil gegenüber eher reserviert. Ich muß die Patientinnen begleiten und schützen, um die sozialen Auswirkungen ihrer gewachsenen Fremdaggressivität zu mildern und die Veränderung ihrer Beziehungen zu begleiten, denn ihre Bezugspersonen werden sie vielleicht eher als überwiegend nett, als aggressionsgehemmt kennen. Ich muß darüber hinaus die innerseelischen Auswirkungen, nämlich die negativen therapeutischen Reaktionen nach fremdaggressiven Handlungen bearbeiten und die dahinterstehenden Über-Ich-Verbote.

Besondere Probleme bereitet mir nach wie vor das Verständnis der progressiven Seiten *psychosenaher Episoden*. PAHL (1994, S. 14) postuliert: »Das Progrediente bildet den gegensätzlich-dynamischen Nukleus in jeder Regression. Es will angesprochen und gereizt werden. Beide Tendenzen stehen in einem ›psychointeraktiven‹ Verhältnis zueinander.« Jeder psychosenahe Zustand, der zugelassen wird, kann zunächst einmal als ein Vertrauensbeweis in die therapeutische Beziehung verstanden werden. Denn viele selbstverletzende Verhaltensweisen dienen dazu, Ich-Fragmentierung und psychosenahe Zustände zu verhindern. Es muß sich bei diesen Zuständen um eine andere Symptomatik handeln als bei den endogenen Psychosen, denn Neuroleptika bleiben hier meist erstaunlich wirkungslos. Wenn eine Patientin solche Zustände zuläßt, muß sie die Hoffnung haben, daß ihr Therapeut beziehungsweise ihre Therapeutin dem gewachsen sein wird. Dies setzt eine inzwischen gewachsene Vertrauensbasis voraus.

In der Tat habe ich psychosenahe Zustände gelegentlich dann beobachtet, wenn sich eine gute, besser eine zunächst *eindeutig* gute Objektbeziehung zum Therapeuten zu etablieren beginnt. Rückblickend fielen in solche Phasen gelegentlich intensive Wachträume, die überwiegend nachts, aber auch am Tag abliefen, nicht wirksam abzustellen waren und sehr an Horrortrips erinnerten. Dies können natürlich auch Nachwirkungen früherer Drogenerfahrungen gewesen sein. Es läßt sich auch diskutieren, ob solche optischen Halluzinationen als psychotisch, pseudopsychotisch oder hysterisch einzuordnen sind (ZIOLKO 1970). Deshalb spreche ich von »psychosenahen« Phänomenen. Eine Patientin berichtete zum Beispiel, über ihrem Bett sei in der letzten Nacht ein Geier gewesen; sie habe regungslos im Bett gelegen, und er habe ihr das Fleisch von Armen und Beinen gerissen, ohne daß sie sich wehren konnte. Ich habe solche Alpwachträume subjektstufig verstanden als Versuch, die eigene orale Destruktivität abzuspalten, ihr Gestalt zu geben, sie zu personifizieren (KÜCHENHOFF 1990), sie so abwehrbar zu machen und insbesondere mich als Hoffnungsträger einer guten Zukunft davor zu schützen. Diese orale Destruktivität wendet sich zwar gegen den eigenen Körper, aber nur noch in der Phantasie. Dies ist ein Fortschritt ebenso wie der Versuch, zum Therapeuten eine geschützte Insel möglichst eindeutig nur guter Empfindungen zu schaffen. Bei ROSENFELD bin ich auf eine interessante Sicht psychotischer Symptombildungen gestoßen, die sich mir in diesem Zusammenhang bewährt hat: In seiner Arbeit »Zur Psychopathologie von Verwirrtheitszuständen chronisch Schizophrener« (1981) führt er aus, wie wesentlich es für einen Menschen ist, die guten und die schlechten Objekt- und Selbst-Anteile unterscheiden zu können. Psychotische Verwirrtheitszustände treten auf, wenn Gut und Schlecht nicht mehr unterschieden werden kann. Durch die therapeutische Aufarbeitung eines Verwirrtheitszustandes kann es gelingen, daß zwischen libidinösen und aggressiven Impulsen wieder differenziert werden kann. Dies führt zu einer verbesserten Integration der gesamten Persönlichkeit. Ich habe bereits darauf hingewiesen, daß zentrale Primärerfahrungen dieser Patientinnen konfus waren, so daß daraus eine untrennbare Mischung aus aggressiven und libidinösen Impulsen resultierte. Eine *Defusionierung konfuser Zustände* auch um den Preis einer solchen Symptombildung ist deshalb ein wichtiger Fortschritt. Auch FISCHER (1990) sieht in der Objektspaltung bei Traumatisierten einen Therapiefortschritt.

Solche optischen Halluzinationen können aber auch am Beginn jener Phase stehen, in der die erneute Annäherung der zwischenzeitlich gespaltenen guten und schlechten Erfahrungen mit dem Therapeuten ansteht, also deutlich später im Therapieverlauf. Sie können ein Signal dafür sein, daß die Patientinnen ihre Destruktivität bald als Selbst-Anteil erleben können. Sie müßten dazu in der Therapie soweit sein, alle Traumproduktionen als Selbst-Anteile annehmen zu können. Dies wäre dann auch ein Signal, daß die destruktiven Selbstanteile in die therapeutische Beziehung drängen und dort unter dem Schutz des inzwischen gewachsenen guten Beziehungsgefüges neutralisiert und sozialisiert werden müssen. In dieser Situation kann es übrigens auch zu kürzeren psychosenahen Verwirrtheitszuständen kommen, wie ROSENFELD (1981) sie beschrieben hat.

Eine dritte Situation beinhaltet die Möglichkeit psychosenaher Episoden, wenn nämlich eine Patientin beginnt, den Therapeuten zu internalisieren. Über sehr lange Phasen der Therapie bleibt die Wirkung des Therapeuten ja an seine Realpräsenz gebunden, eine Internalisierung erfolgt nicht, unter anderem deshalb, weil sie zu unerträglichen Loyalitäts- und Schuldgefühlen den bisherigen internalisierten Objekten gegenüber führen würde. Wenn der Therapeut beginnt, internalisiert zu werden, kann er vorübergehend die Qualität eines paranoisch verfolgenden Objekts annehmen, und in dieser Zeit kann es zu den bekannten paranoid-psychotischen Übertragungen während der Therapiesitzungen kommen. Der Therapeut kann kurzfristig erlebt werden als ein Verfolger, den man nicht mehr los wird, der überall dabei ist. – Wahrscheinlich lassen sich diese Episoden künftig um so besser verstehen, je mehr die Trauma-Theorie mit ihrem Konzept zur *dissoziativen Störung* Anwendung findet (SACHSSE 1995).

Selbstbeschädigung, Suchtverhalten, Fremdaggression und – deutlich seltener – psychosenahes Erleben bestimmen über lange Zeit die Therapie. Nach einer Phase relativer Stabilisierung ist es mir dann mehrfach begegnet, daß Patientinnen mich anriefen und mir mitteilten, sie hätten einen *Unfall* gehabt, sich das Bein gebrochen oder seien von einem Auto angefahren worden. Fast verzweifelt beteuerten sie, sie seien daran schuldlos; nicht, daß ich dächte, sie hätten sich wieder etwas angetan. Eine genaue Aufarbeitung dieser Unfälle ergab tatsächlich, daß es sich um fremdverschuldete Ereignisse handelte, die psychodynamisch allenfalls noch als typische Fehlleistungen einzuordnen waren. Unfälle in Form von Fehlleistungen setzen aber eine suffiziente Verdrängung voraus, eine Abwehrformation überwiegend auf neurotischem Niveau. Sofern im Unfallgeschehen doch nicht nur verdrängte, also unbewußte, sondern vorbewußte autodestruktive Impulse manifest geworden wären, wäre die Ausführung derselben aber nicht mehr selbst vorgenommen, sondern dem Schicksal überlassen worden (WILLENBERG 1989, S. 167). Auch hierin liegt eine Progression.

Während Unfälle nicht regelhaft zur therapeutischen Entwicklung dazugehören, habe ich stets *psychosomatische Erkrankungen* in späteren Phasen der Therapie zu bearbeiten gehabt. Meist handelte es sich um psychosomatische dermatologische oder gynäkologische Erkrankungen. Psychosomatische Erkrankungen gehören wohl auch zu den meisten Kindheitsentwicklungen. Sie resultieren häufig aus einer Verdrängung aggressiver Impulse mit einer Wendung dieser Impulse gegen die eigene Person, aber auf einer intrapsychischen Ebene, nicht als szenischer Handlungsvollzug. – Manchmal ist dies einem Patienten bewußt. Als ich 1982 im Landeskrankenhaus Göttingen meine psychiatrische Facharztausbildung begann, bat mich einer meiner Patienten um Medikamente für seinen Magen, weil er ständig Magenschmerzen hatte. Gastroskopisch war eine Reizgastritis diagnostiziert worden, und vor wenigen Monaten hatte er ein Magengeschwür gehabt. Ich hatte vorher in der psychotherapeutischen Fachklinik Tiefenbrunn gearbeitet, und so fragte ich ihn, ob er eine Vermutung habe, weshalb er Magenschmerzen hätte. Zu meiner Verblüffung antwortete er: »Klar weiß ich das. Das ist der Ärger, den ich in letzter Zeit immer runterschlucke.« Ich fragte ihn, warum er seinen Ärger denn bewußt herunterschlucke, ob er ihm nicht vielleicht Ausdruck verleihen könne. Seine Antwort: »Das letzte Mal, als ich das getan habe, mußte der andere mit einem Kieferbruch in die Chirurgie. Das kann ich mir nicht leisten. Wenn mir das noch mal passiert, komme ich wieder in den 63.« Der Patient war als psychisch kranker Rechtsbrecher mehrere Jahre lang nach § 63 StGB im geschlossenen Maßregelvollzug behandelt worden und bemühte sich jetzt um seine Rehabilitation. Ich habe seitdem schon öfter beobachtet, daß Patienten klinisch manifest an Gastritiden oder Magen/Zwölffingerdarm-Geschwüren erkranken, wenn sie ihre aggressiven und dissozialen Impulse nicht mehr wie bisher ausleben können. – Wie bei Unfällen sind Patientinnen verärgert oder enttäuscht über psychosomatische Symptombildungen, deren Bedeutung ihnen gerade dann offensichtlich ist, wenn es sich um eine Symptomatik mit Juckreiz handelt.

Eine erneute Verunsicherung bedeuten für Patientin und Therapeut »*richtige*« *Krankheiten*: etwa eine operationsbedürftige Blinddarmentzündung, eine bakterielle Lungenentzündung, eine Nierenerkrankung, die alle natürlich immer auch in einen psychodynamischen Kontext gestellt werden können, die aber nicht zu den eindeutigen Psychosomatosen zählen. »Richtige« Erkrankungen habe ich nicht dekonstruktiv bearbeitet, sondern so, daß ich den Patientinnen vermittelt habe, sie würden eben inzwischen in Streßsituationen ganz normal krank – wie jede andere auch.

Es hat sich mir in der Therapie schwer ich-strukturell gestörter Patientinnen mit SVV bewährt, nicht nur im klassisch psychoanalytischen Vorgehen dekonstruktiv etwa im Sinn KERNBERGS (1978) zu intervenieren, sondern auch konstruktiv-synthetisch den Aufbau von Ich-Funktionen und Abwehrformationen zu fördern, hierin geprägt von den Arbeiten von BLANCK und BLANCK, HEIGL-EVERS und HEIGL, FÜRSTENAU, aber auch BENEDETTI. Zu meiner Behandlungsstrategie gehört es, zunächst eine Trennung, eine Defusionierung von lustvoll und schmerzhaft, von gut und schlecht, von libidinös und aggressiv anzustreben, die Entwicklung einer unzweideutig guten Beziehung in der Therapie zu fördern, und erst später daran anschließend eine Wiederannäherung von gut und schlecht zu ermöglichen. Die im Ablauf dieses Prozesses auftretenden Symptombildungen lassen sich nicht einfach als Symptomverschiebungen, sondern als Zeichen von Progression im therapeutischen Prozeß verstehen und bearbeiten. Natürlich stellt sich hier die Frage, ob es sich objektiv um Zeichen einer Progression handelt, oder ob ich diese Symptombildungen als Zeichen einer Progression sehen *will*. Ich darf hier noch einmal PAHL (1994, S. 15) zitieren:

»Die Progression gilt mehr als eine schwer definierbare Qualität, die gleichsam nach dem Durchleiden und Durchstolpern der tiefen Täler der neurotischen Qual sich im Zuge des Durcharbeitens, der Aufhebung der Verdrängungen von Unbewußt nach Bewußt, der Nachreifung, des Aufbaus neuer Ich-Strukturen irgendwie einstellt. Um dieses ›irgendwie‹ geht es. Die Frage ist, ob es nicht vielleicht entscheidend von der aktiven Wahrnehmungs- und Handlungsbereitschaft des Therapeuten/Analytikers abhängig ist, daß die progressiven Elemente bemerkbar sind und sich als erwünscht und durchsetzungsfähig erweisen dürfen.«

Nicht nur für die Patientinnen halte ich diese Wahrnehmungs- und Handlungseinstellung für hilfreich. Auch ich als Therapeut bin weniger gekränkt, enttäuscht oder entmutigt, seitdem ich *neuen Symptomformationen die Bedeutung einer Progression im therapeutischen Prozeß geben kann*. Diese Wahrnehmungseinstellung ist so auch für mich ein selbstfürsorglicher Akt, der mir die Arbeit erleichtert. Und diese Arbeit ist schwer genug. Ich muß sie mir nicht auch noch durch selbstschädigende Theoriebildungen erschweren.

HANS L. WEDLER

Einige Gedanken zur »neuen« Debatte über aktive Sterbehilfe und professionelle Beihilfe zum Suizid

Der Sohn und der Arzt einer schon seit langer Zeit bewußtlosen, also nicht mehr selbstbestimmungsfähigen Patientin wurden verurteilt wegen versuchtem Totschlag. Was war geschehen? Die Frau wurde seit mehreren Jahren wegen eines apallischen Syndroms in einem Pflegeheim versorgt. Auf Betreiben des Sohnes beschlossen der betreuende Arzt und der Sohn nach offenbar eingehenden Diskussionen und Abwägungen, das lange Leiden der Patientin zu beenden und deshalb die lebenserhaltenden Maßnahmen, insbesondere die Sonden-Ernährung, einzustellen. Gegen dieses Ansinnen aber verwahrte sich das Pflegepersonal des konfessionellen Hauses, es kam zu Diskussionen und schließlich zur Anzeige wegen Anstiftung zur Tötung der Patientin. Sohn und Arzt wurden wegen versuchtem Tötungsdelikt gerichtlich angeklagt und verurteilt. Allerdings wurde der Urteilsspruch wenig später vom Bundesgerichtshof wieder aufgehoben und das Verfahren an das verurteilende Gericht zurückverwiesen, da der mutmaßliche Wille der apallischen Patientin in der Urteilsbegründung nicht berücksichtigt worden sei.

Nur wenige hundert Kilometer und wenige Monate entfernt von diesem Baden-Württembergischen Rechtsgeschehen ereignete sich folgender Vorfall in Holland, über den die britische Fachzeitschrift »Lancet« (PIJNEMBORG et al. 1993) berichtet: Ein 64 Jahre alter Mann mit einem Hirntumor war anhaltend bewußtlos und litt unter häufigen cerebralen Krampfanfällen, die therapeutisch nicht unter Kontrolle gebracht werden konnten. Die Behandlungsmöglichkeiten waren ausgeschöpft, die Prognose aussichtslos. Dies wurde von einem zweiten Arzt bestätigt. Nach eingehender Diskussion mit einem Kollegen, mit

Krankenschwestern und der Frau des Patienten entschloß sich der Arzt angesichts der schlechten Lebensqualität, der fehlenden Besserungsmöglichkeiten und der Sinnlosigkeit weiterer Behandlung, durch Anlegen einer Kalium-Chlorid-Infusion das Leben des Patienten zu beenden. Er starb innerhalb von 3 Minuten. Der Vorgang hatte keinerlei strafrechtliche Folgen.

Die beiden geschilderten Vorgänge müssen Verwirrung beim Bürger und erst recht bei jenen Professionellen auslösen, die nicht nur für Leib und Leben ihrer Patienten Verantwortung übernehmen, sondern sich auch bemühen, den in unserer Zeit immer stärker an Einfluß gewinnenden Forderungen nach freier Selbstbestimmung des Menschen Rechnung zu tragen. Die Verwirrung wird von ambivalenten Emotionen und möglicherweise von einem resignierenden Rückzug auf scheinbar unstrittige juristische Positionen gefolgt sein.

Ist es denn nicht möglich, wird man sich einerseits fragen, Menschen am Ende des Lebens in aussichtsloser Situation in Ruhe sterben zu lassen und auf Maßnahmen der Lebensverlängerung (wie künstliche Ernährung) dann zu verzichten, wenn aus dem Krankheitsverlauf eindeutig ablesbar ist, daß ein selbstbestimmtes Leben niemals mehr möglich sein wird? Bedarf die in diesem Fall angestrebte passive Sterbehilfe noch irgendeiner zusätzlichen Legitimation?

Kann es andererseits denn wirklich ärztliche Aufgabe sein, ein Leben unter Einsatz von Gift schlicht »abzustellen« und wiederum nicht den Dingen ihren natürlichen Gang zu lassen, wenn wir ärztlich zwar nichts mehr bessern können, aber doch in der Lage sind, durch sorgfältige Pflege und medikamentöse Linderung von Schmerz und sonstigem Leiden ein menschenwürdiges Sterben zu begleiten? Ist die hier geübte aktive und zudem nicht freiwillige Euthanasie vereinbar mit ärztlicher Ethik, mit dem Hippokratischen Eid?

Wohin ist die Gesellschaft und mit ihr unser ärztlicher Stand geraten, wenn die Verunsicherung in basalen ethischen Fragen bereits so groß geworden ist, daß offenbar nur noch Extremlösungen praktikabel erscheinen? Geraten wir allmählich in eine ähnliche Situation, wie sie in den USA schon seit rund 10 Jahren besteht, daß beinahe an jedem Sterbebett der Jurist dabei ist und der Sterbende mitunter Gerichten und Staatsanwälten ein Schnippchen schlagen muß, um endlich zur Ruhe zu kommen?

Geraten wir andererseits dahin, daß die Menschen nicht mehr sicher sein können, sich in ärztliche Hand zu begeben, da Maßnahmen der aktiven Euthanasie, das heißt der Tötung durch Ärzte, an der Tagesordnung sind?

In dieser Situation schreibt der Freiburger Strafrechtler HANS GEORG KOCH (1992): »Nach geltendem deutschen Strafrecht bleibt nur ein Weg, einem sterbewilligen Patienten aktiv und gezielt, aber straffrei zu dem von ihm ersehnten Tod zu verhelfen: die tätige Beihilfe zur Selbsttötung.«

Es scheint in der Tat auf den ersten Blick nicht unvernünftig, angesichts der kritischen Argumente gegen die gesellschaftliche Akzeptanz aktiver Sterbehilfe auf die Möglichkeit des Suizids auszuweichen und diesen durch fachmännische Beihilfe und soziale Akzeptanz »human« aufzuwerten. Nicht wenige Philosophen und Ethiker haben an diesem Gedanken in jüngster Zeit Gefallen gefunden, etwa MARGRET BATTIN in den USA oder RENÉ DIEKSTRA, einer der Promotoren der Entwicklung in Holland, der jetzt ziemlich eindeutig für den fachmännisch unterstützten Suizid anstelle der institutionalisierten aktiven Euthanasie argumentiert (DIEKSTRA 1993).

Die tiefen Probleme jedoch, die seit Aufflammen der »neuen« Euthanasie-Debatte mit Argumenten hin- und hergeschoben werden, lösen sich auf diese Weise nicht. Denn einmal deckt sich die Gruppe jener, für die Beihilfe zum Suizid eine »Lösung« ihrer Lebensprobleme sein könnte, nur marginal mit jener, die für Maßnahmen der aktiven Euthanasie überhaupt in Frage kommen. Das zeigen bereits die eingangs genannten Kasuistiken, aber auch die Erfahrungen aus Holland. Schwerwiegender noch ist das Problem, bei suizidalen Intentionen die Frage der Freiwilligkeit zutreffend und in befriedigendem Maße zu klären. Besteht nicht in jeder Suizidhandlung eine – auch für den Therapeuten oft schwer aushaltbare – Ambivalenz? Stimmt es denn nicht, daß der Suizidale eigentlich gar nicht sterben will, so aber auch nicht mehr weiterleben zu können glaubt? Sind es denn nicht meist die »Umstände«, die entscheidend den Verlauf einer suizidalen Krise bestimmen, die »Abwesenheit des anderen« (CAMUS) oder seine sich selbst auferlegte Inkompetenz? Wäre nicht, wenn wir uns diesen »Umständen« nicht mit aller Macht entgegenstellen, Tür und Tor geöffnet für Manipulationen jeglicher Art, von der Entledigung der Versorgungspflicht bis zum Erbschaftsbegehren, bis zum kaschierten Tötungsdelikt?

Es ist heute in vielen professionellen Kreisen üblich geworden, nicht mehr darüber nachzudenken, was hinter einem einmal geäußerten Wunsch, hinter einem scheinbar so klaren »Ja« stecken könnte. Vielleicht ist dieser Anspruch auch zu hoch, nicht durchhaltbar, gar mit Ungerechtigkeiten befleckt, da nicht zu leugnen ist, daß es sich in den einen Menschen besser einfühlen läßt als in den anderen. Dennoch ist die aus solcher Abstinenz resultierende Aufgabe psychologischer Positionen und Verstehensmöglichkeiten erstaunlich – ein vielleicht modischer Kontrast zur großen Psychotherapie-Begeisterung vor 30 oder 40 Jahren.

Mit Sterbehilfe ist gemeint Hilfe zum Sterben, nicht Hilfe im Sterben (das wäre Sterbebegleitung). Das denk- und verfügbare Spektrum umfaßt:

- passive Sterbehilfe
- indirekte Sterbehilfe
- unterlassene Hilfeleistung beim Suizid
- Beihilfe zum Suizid
- aktive Sterbehilfe, diese
  - freiwillig
  - nicht freiwillig
  - unfreiwillig.

Jedes Individuum, jede Gesellschaft wird ihre eigene Position finden müssen, bis zu welchem Grade sie Sterbehilfe zu leisten bereit ist. Wie die eingangs zitierten Beispiele zeigen, klaffen die Reaktionsweisen noch diametral auseinander: In Deutschland kann selbst die passive Sterbehilfe zur strafbaren Handlung werden, in Holland ist unter eingehaltenen Umständen, die jeder Bürger nachlesen kann, das gesamte Spektrum sanktioniert. Aber: Die Positionen sind bereits in Bewegung geraten - von beiden Seiten.

Aus vielerlei Gründen ist es wünschenswert, daß sich die Standpunkte einander nähern, um Lösungen zu ermöglichen, die weder den Menschen ihre Würde rauben, noch sie der Gefahr einer gesellschaftlich sanktionierten Tötungsmaschinerie aussetzen.

Literatur

ANDRIOLA, J. (1973): A Note on the Possible Iatrogenesis of Suicide. Psychiatry 36: 213–218.

ASCH, S.S. (1971): Wrist scratching as a symptom of anhedonia: A predepressive state. psychoanal. Q 40: 603–617.

BARRACLOUGH, B.; BUNCH, J.; NELSON, B.; SAINSBURY, P. (1974): A hundred cases of suicide: clinical aspects. Br. J. Psychiatry 125: 355–373.

BARTL, G. (1984): Der Umgang mit der Grundstörung im Katathymen Bilderleben. In: ROTH, J.W., Konkrete Phantasie. Huber, Bern, S. 117–129.

BATTEGAY, R. (1981): Grenzsituationen. Erweiterte Ausgabe, Fischer Taschenbuch, Frankfurt a.m. 1992.

BATTEGAY, R. (1981): Totale Fusion mit einem Objekt und dessen Zerstörung. Schw. Arch. Neurol. Psychiat. 129: 283–296.

BENEDETTI, G. (1983): Todeslandschaften der Seele. Vandenhoeck u. Ruprecht, Göttingen.

BERMAN, A.L. (1979): Dyadic death: murder-suicide. Suicide and Life Threatening Behavior 9: 15-23.

BLANCK, G.; BLANCK, R. (1980): Ich-Psychologie II. Psychoanalytische Entwicklungspsychologie. Klett-Cotta, Stuttgart.

BLANCK, G.; BLANCK, R. (1985): Angewandte Ich-Psychologie. Klett-Cotta, Stuttgart.

BOCK, K.D.; OVERKAMP, F. (1986): Vorgetäuschte Krankheit: Beobachtungen bei 44 Fällen aus einer Medizinischen Klinik und Vorschlag einer Subklassifikation. Klin. Wschr. 64: 149–164.

BOWLBY, J. (19759: Bindung. Kindler, München.

CAPLAN, G. (1964): Principles of preventive psychiatry. Basic Books, Ne York.

CARNEY, M.W.P. (1980): Artefactual illness to attract medical attention. Brit. J. Psychiat. 36: 542–547.

CARR, E.G.; DIAMOND, V.M. (1985): Reducing behavioral problems through functional communication training. J. Appl. Behav. Analysis 18: 111–126.

CAVAN, R.S: (1928): Suicide. Russel & Russel, New York.

175

CHERTOK, L. (1972): Mania operativa: Surgical addiction. Int. J. Psychiat. Med. 3: 105–118.

CULLBERG, J. (1978): Krisen und Krisentherapie. Psychiat. Praxis. 5: 25–34.

DIEKSTRA, R.F.W. (1993): Assisted Suicide and Euthanasia: Experiences from the Netherlands. Annals of Medicine 25 (1): 5–9.

DIEKSTRA, R.F.W. (1995): Der Mythos vom Massenselbstmord. Psychomed. 1: 46–48.

DURKHEIM, E. (1893): Les règles de la méthode sociologique. Félix Alcan, Paris, 9. Aufl. 1938.

DURKHEIM, E. (1897): Der Selbstmord. Soziologische Texte 32. Luchterhand, Neuwied/Darmstadt 1973.

ECKHARDT, A. (1987): Das Münchhausen-Syndrom. Urban & Schwarzenberg, München.

ECKHARDT, A.; HOFFMANN, S.O. (1993): Depersonalisation und Selbstbeschädigung. Zschr. Psychosom. Med. 39 (3): 284–306.

EGEROD, S. (1980): Kinas religion in den aeldeste tid. Louisiana Revy 3: 6–7.

EIBL-EIBESFELDT, I. (1984): Biologie des menschlichen Verhaltens. Piper, München.

ELLENBERGER, H. (1953): Der Selbstmord im Licht der Ethno-Psychiatrie. Monatsschr. Psychiatr. Neurol. 125: 347–361.

ELSÄSSER, P. (1993): Doppelsuizid und erweiterter Suizid. Med. Diss. Basel.

ERIKSON, E. (1988): Der vollständige Lebenszyklus. Suhrkamp, Frankfurt a.M.

ESQUIROL, J.E.D. (1838): Von den Geisteskrankheiten. Huber, Bern/ Stuttgart 1968.

FAUST, V.; WOLFERSDORF, M. (Hg.; 1983): Suizidgefahr. Hippokrates, Stuttgart.

FAVAZZA, A.R. (1987): Bodies under siege: Self-mutilation in culture and psychiatry. John Hopkins Univ. Press, Baltimore.

FAVAZZA, A.R.; CONTERIO, K. (1988): The plight of chronic self-mutilators. Community Ment. Health J. 1: 22–30.

FEDERN P. (1928/29): Selbstmordprophylaxe in der Analyse. Z. psychoanal. Päd. 3: 379–389.

FISCHER, G. (1990): Die Fähigkeit zur Objektspaltung. Ein therapeutischer Veränderungsschritt bei Patienten mit Realtraumatisierung. Form Psychanal. 6: 199–212.

FORD, C.V. (1983): The Somatizing Disorders. Elsevier, Amsterdam.

FREUD, S. (1916). Trauer und Melancholie. G.W. Bd. X. Fischer, Frankfurt a.M.

176

FREUD, S. (1920): Jenseits des Lustprinzips. G.W. Bd. XIII. Fischer, Frankfurt a.M.

FREUD, S. (1923): Das Ich und das Es. G.W. Bd. XIII. Fischer, Frankfurt a.M.

FREUD, S. (1933): Neue Folge der Vorlesungen zur Einführung in die Psychoanalyse. G.W. Bd. XV. Fischer, Frankfurt a.M.

FREYBERGER, H.; NORDMEYER, H.J.; FREYBERGER, H.J.; NORDMEYER, J. (1994): Patients Suffering from Factitious Disorders in the Clinico-Psychosomatic Consultation Liaison Service: Psychodynamic Processes, Psychotherapeutic Initial Care and Clinico-interdisciplinary Cooperation. Psychother. Psychosom. 62: 108–122.

FROMM, E. (1973): Anatomie der menschlichen Destruktivität. Dt. Verlagsanstalt, Stuttgart 1974.

FÜRSTENAU, P. (1992): Entwicklungsförderung durch Therapie. Grundlagen psychoanalytisch-systemischer Psychotherapie. Pfeiffer, München.

GHYSBRECHT, P. (1967): Der Doppelselbstmord. Reinhardt, Basel.

GREENACRE, P. (1958): The imposter. Psychoanal. Q. 27: 359–380.

GRINDER, J.; Bandler, R. (1994): Therapie in Trance. Hypnose: Kommunikation mit dem Unbewußten. Klett-Cotta, Stuttgart.

GUTMAN, D. (1980): Psychoanalysis and Aging. A developmental View. In: GREENSPAN, S.; POLLOCK, G., The Course of Life. Maryland.

HAENEL, TH. (1989): Suizidhandlungen. Neue Aspekte der Suizidologie. Springer, Berlin, Heidelberg.

HAENEL, TH. (1995): Stefan Zweig – Psychologe aus Leidenschaft. Droste, Düsseldorf.

HAENEL, TH.; PÖLDINGER, W. (1986): Erkennung und Beurteilung der Suizidalität. In: KISKER, K.P. et al. (Hg.), Psychiatrie der Gegenwart, Bd. 2.: Krisenintervention, Suizid, Konsiliarpsychiatrie, S. 107–132. Springer, Berlin u.a.

HÄFNER, H. (1986): Psychische Gesundheit im Alter. Fischer, Stuttgart/New York.

HANKOFF, L.D. (1979): Judiac origins of the suicide prohibition. In: Suicide, theory and clinical aspects. Littlezon, Mass.

HARLOW, H.F.; HARLOW, M.K. (1971): Psychopathology in monkeys. In: KIMMEL, H.D: (Hg.), Experimental Psychopathology, Acad. Press, New York.

HARLOW, H.F.; SUOMI, S.J. (1974): Induced depression in monkeys. Behav. Biol. 12: 273-296.

HARTMANN, H. (1972): Ich-Psychologie. Studien zur psychoanalytischen Theorie. Klett, Stuttgart.

HARTMANN, H. (1975): Ich-Psychologie und Anpassungsprobleme. Klett, Stuttgart.

HEIGL, F.S.; TRIEBEL, A. (1977): Lernvorgänge in psychoanalytischer Therapie. Huber, Bern u.a.

HEIGL-EVERS, A.; OTT, J. (Hg.; 1994): Die psychoanalytisch-interaktionelle Methode. Theorie und Praxis. Vandenhoeck u. Ruprecht, Göttingen.

HEIMANN, P. (1950): On Counter-Transference. Int. J. Psychoanal. 31: 81–84.

HEMPHILL, R.E.; THORNLEY, F.I. (1969): Suicide pacts. S. Afr. med. J. 43: 1335–1338.

HENSELER, H. (1974): Narzißtische Krisen. Rowohlt, Reinbek.

HERPERTZ, S.; SAß, H. (1994): Offene Selbstbeschädigung. Nervenarzt 65: 296–306.

HESSE, H. (1975): Der schwere Weg. In: »Die Märchen«. Suhrkamp Taschenbuch, Frankfurt a.M.

HIRSCH, M. (1987): Realer Inzest. Psychodynamik des sexuellen Mißbrauchs in der Familie. Springer, Berlin/Heidelberg.

HIRSCH, M. (Hg.; 1989): Der eigene Körper als Objekt. Zur Psychodynamik selbstdestruktiven Körperagierens. Springer, Berlin u.a.

HOFFERN, W. (1981): Early Development and Education of the Child. Hogarth Press, London.

HÖSLI-WIDMER, L. (1950): Beitrag zur Frage des Doppelselbstmordes. Diss., Zürich.

JASPERS, K. (1932): Philosophie. 2. Aufl. Springer, Berlin 1948.

JASPERS, K. (1965): Kleine Schule des philosophischen Denkens. Piper, München.

JONES, E. (1911): Das Problem des gemeinsamen Sterbens, namentlich mit Bezug auf den Selbstmord Heinrich von Kleists. Zbl. f. Psychoanalyse 1: 563–567.

JONES, E. (1912): Ein ungewöhnlicher Fall von »gemeinsamen Sterben«. Zbl. f. Psychoanalyse 2: 455–459.

JOSPHUS FLAVIUS: Geschichte des jüdischen Krieges. Übers. von H. Clementz. Fouries-Vlg., Wiesbaden 1977.

KERNBERG, O.F. (1978): Borderline-Störung und pathologischer Narzißmus. Suhrkamp, Frankfurt a.M.

KERNBERG, O.F. (1988): Innere Welt und äußere Objekte. Vlg. Internat. Psychoanalyse, München/Wien.

KERNBERG, O.F. (1988): Schwere Persönlichkeitsstörungen. Theorie, Diagnose, Behandlungsstrategien. Klett-Cotta, Stuttgart.

KERNBERG, O.F.; SELZER, M.A.; KOENIGSBERG, H.W.; CARR, A.C.; APPELBAUM, A.H. (1993): Psychodynamische Therapie bei Borderline-Patienten. Huber, Bern.

KILDUFF, M.; JAVERS, R. (1979): Der Selbstmordkult. Goldmann, München.

KIND, J. (1986): Manipuliertes und aufgegebenes Objekt. Zur Gegenübertragung bei suizidalen Patienten. Forum Psychoanal. 2: 228–239.

KIND, J. (1990): Zur Interaktionstypologie suizidalen Verhaltens. Nervenarzt 61: 153–158.

KIND, J. (1992): Suizidal. Die Psychoökonomie einer Suche. Vandenhoeck u. Ruprecht, Göttingen.

KLAESI, J. (1969): Gott und sein Zweifler. Werner Classen, Zürich.

KLEIN, M. (1946): Notes on some schizoid mechanisms. In: RIVIÈRE, J. (ed.): Developments in Psycho-Analysis 1921–1945: 377–390, The Hogarth Press, London 1948.

KLEIN, M. (1972): Das Seelenleben des Kleinkindes und andere Beiträge zur Psychoanalyse. Rowohlt Taschenbuch, Reinbek.

KÖNIG, K. (1982): Interaktioneller Anteil der Übertragung und phobische Persönlichkeit. Prax. Psychother. Psychosom. 27: 25–32.

KRYSTAL, H.; RASKIN, H.A. (1983): Drogensucht. Aspekte der Ich-Funktion. Vandenhoeck u. Ruprecht, Göttingen.

KÜCHENHOFF, J. (1990): Die Repräsentation früher Traumata in der Übertragung. Forum Psychoanal. 6: 31–51.

KULAWIK, H. (1977): Zur Psychopathologie der Suizidalität. In: Z. Psychiatr. Neurol. Med. Psychol. 29.

LECKY, W.E. (1871): Sittengeschichte Europas von Augustus bis auf Karl den Großen, Bd. 2. Leipzig.

LICHTENBERG, J.D: (1991): Psychoanalyse und Säuglingsforschung. Springer, Heidelberg.

LINDEN, K.H. (1969): Der Suizidversuch. Enke, Stuttgart.

LYCAKI, H.; JOSEF, N.C.; MUNETZ, M. (1979): Stimulation and arousal in self-mutilators. Am. J. Psychiat. 136: 1223f.

MAUER, K. (1981): Die Samurai. Droemer'sche Verlagsanstalt, München.

MCKENZIE, T.B.; POPKIN, M.K. (1990): Medical illness and suicide. In: BLUMENTHAL, M.; KUPFER, D. (Hg.), Suicide over Life Cycle. American Pschiatric Press, Washington/London.

MEADOW, R. (1977): Munchhausen syndrome by proxy. The hinterland of child abuse. Lancet II: 343ff.

MENNINGER, K. (1974): Selbstzerstörung. Suhrkamp, Frankfurt a.M.

METHA, D.; MATHEW, P.; METHA, S. (1978): Suicide pact in a depressed elderly couple. J. Am. Geriat. Soc. 26,3: 136–138.

METZGER, R.; SCHNEIDER, J. (1984): Suizidversuche im Raum Ravensburg. Eine sozialpsychiatrische Studie. Weissenhof Vlg. Dr. J. Kunow, Weinsberg.

METZGER, R. und WOLFERSDORF, M. (1987): Suizide stationär behandelter depressiver Patienten. In: WOLFERSDORF, M. (Hg.): Suizidalität bei stationären psychiatrischen Patienten. Weissenhof, Weinsberg, S. 175–192.

MÖLLER, H.J. et al. (1985): Predicting suicidal behavior: the influence of methodology. Vortrag, Conference Managm. 016, Wien.

MORGENTHALER, F. (1974): Die Stellung der Perversionen in der Metapsychologie und Technik. Psyche 28: 1077–1098.

MORGENTHALER, F. (1984): Homosexualität, Heterosexualität, Perversion. Qumran, Frankfurt.

MOTTO, J.A. (1967): Suicide and suggestibility. The role of the press. Am. J. Psychiatry 124: 252–256.

MOTTO, J.A. (1970): Newspaper influence on suicide. Arch. Gen. Psychiatry 23: 143-148.

MOTTO, J.A. (1980): Suicide Risk Factors in Alcohol Abuse. Suicide and Life Threat Behav. 10 (4): 230–238.

NIEHUS, E.M. und WOLFERSDORF, M. (1992): Depression und Suizid. In: Therapiewoche 42: 1166–1173.

NORDMEYER, J.P. (1994): An Internist's View of Patients with Factitious Disorders and Factitious Clinical Symptomatology. Psychother. Psychosom. 62: 30-40.

NOYES, R.; FRYE, S.J.; HARTFORD, C.E. (1977): Single case study. J. Nerv. M. Dis. 165,1: 72–75.

OGDEN, T.H. (1979): On projective identification. Int. J. Psycho-Anal. 60: 357–373 (Dt.: Die projektive Identifizierung. Forum Psychoanal. 1988/4: 1–21).

OHARA, K. (1963): Characteristics of suicide in Japan, especially of parent-child double suicide. Am. J. Psychiatry 120: 382–385.

OHARA, K.; REYNOLDS, D. (1970): Love pact – suicide. Omega 1: 159–166.

PAAR, G.H. (1987): Selbstzerstörung und Selbsterhaltung. Mat. Psychoanal. u. analyt. orientierte Psychother. 13: 1–54.

PAAR, G.H. (1992): Artefaktkrankheiten in der Inneren Medizin. Unveröffentlichtes Manuskript.

PAAR, G.H. (1992): Was bedeutet »Erfolg« in der Behandlung selbstdestruktiv handelnder Patienten? Bericht über den Verlauf einer Patientin mit schweren chronischen Wundheilungsstörungen. Vortrag Frühjahrstagung DKPM in Esslingen, März 1992.

PAAR, G.H. (1994): Factitious Disorders in the Field of Surgery. Psychother. Psychosom. 62: 41–47.

PAHL, J. (1994): Regression, Progression und Psychische Gesundheit. Die Begriffe und ihre Phänomenologie innerhalb des Psychotherapeutischen Prozesses. Imagination 16: 5–22.

PAO, P. (1969): The Syndrom of Delicate Self-Cutting. Br. J. med. Psychol. 42: 195–206.

PARENS, A. (1993): Neuformulierungen der psychoanalytischen Aggressionstheorie und Folgerungen für die klinische Situation. Forum Psychoanal. 9: 95–106.

PASCHENDA, K.; WEDLER, H. (1993): Suicide Amongst the Aged. Is It Generally Accepted In Our Society? In: BÖHME, K. et al. (Hg.), Suicidal Behavior. Roderer, Regensburg.

PHILLIPS, D.P. (1974): The influence of suggestion on suicide: Substantive and theoretical implications of the Werther effect. Am. Sociol. Rev. 39: 340–354.

PIJNENBORG, L.; VAN DER MAAS, P.J.; VAN DELDEN, J.J.M.; LOOMAN, C.W.W. (1993): Life terminating acts without explicit request of patient. Lancet 341: 1196–1199.

PLASSMANN, R. (1987): Der Arzt, der Artefakt-Patient und der Körper. Eine psychoanalytische Untersuchung des Mimikry-Phänomens. Psyche 41: 883–899.

PLASSMANN, R. (1993): Organwelten: Grundriß einer analytischen Körperpsychologie. Psyche 47: 261–282.

PLASSMANN, R. (1994): Inpatient and Outpatient Long-Term. Psychotherapy of Patients Suffering from Factitious Disorders. Psychother. Psychosom. 62: 96–107.

PLASSMANN, R. (1994): Munchhausen syndrome and Factitious Disorders. Psychother. Psychosom. 62: 7–26.

PLASSMANN, R. (Hg.; 1994): Ther Biography of Factitious-Disorder Patient. Psychother. Psychosom. 62: 123–128.

PLASSMANN, R. (Hg.; 1994): Factitious Disease. Psychotherapy and Psychosomatics 62/1-2, S. 1–140. Karger, Basel u.a.

PÖLDINGER, W. (1968): Die Abschätzung der Suizidalität. Huber, Bern.

RACKER, H. (1968): Transference and Countertransference. Int. Univ. Press, New York (Dt.: Übertragung und Gegenübertragung. Reinhardt, München 1978).

RACKER, H. (1978): Psychoanalytische Technik und der unbewußte Masochismus des Analytikers. In: RACKER, H. (Hg.), Übertragung und Gegenübertragung. Studien zur psychoanalytischen Technik. Reinhardt, München.

RADEBOLD, H. (1992): Psychodynamische Sicht und psychoanalytische Psychotherapie 50 bis 75jähriger. Springer, Berlin/Heidelberg.

RAPAPORT, D. (1967): The Collected Papers. Basic Books, New York.

REIMER, C. (1982): Interaktionsprobleme mit Suizidenten. In: REI-

MER, C. (Hg.), Suzid. Ergebnisse und Therapie. Springer, Berlin u.a., S. 191–205.

REIMER, C. (1985). Psychotherapie der Suizidalität. In: PÖLDINGER, W.; REIMER, C. (Hg.), Psychiatrische Aspekte suizidalen Verhaltens. Das ärztliche Gespräch 37: 84–92. Tropon, Köln, omi-Vlg., Frankfurt a.M.

REIMER, C. (1986): Prävention und Therapie der Suizidalität. In: KISKER, K.P. et al. (Hg.), Psychiatrie der Gegenwart, Bd. 2: Krisenintervention, Suizid, Konsiliarpsychiatrie. Springer, Berlin u.a., S. 133–173.

RINGEL, E. (1953): Der Selbstmord. Abschluß einer krankhaften psychischen Entwicklung. Mandrich, Wien.

RINGEL, E. (Hg.; 1969): Selbstmordverhütung. Huber, Bern u.a.

ROBINS, E. (1985): Suicide. In: KAPLAN, H.J.; SADOCK, B.J. (Hg.), Comprehensive textbook of Psychiatry VI, Bd. II: Williams and Wilkens Baltimore.

ROGERS, R. (Hg.; 1988): Clinical Assessment of Malingering and Deception. Guilford Press, New York.

ROSEN, B.K. (1981): Suicides pacts: a Review. Psychologica Medicine 11: 525–533.

ROSENBAUM, M. (1983): Crime and punishment – the suicide pact. Arch. Ger. Psychiatry 40: 979–982.

ROSENFELD, H.A. (1981): Zur Psychopathologie von Verwirrtheitszuständen bei chronisch Schizophrenen. In: Rosenfeld, H.A. (Hg.), Zur Psychoanalyse psychotischer Zustände. Suhrkamp, Frankfurt a.M., S. 58–71.

ROST, H. (1927): Bibliographie des Selbstmordes. Augsburg.

SACHSSE, U. (1987): Selbstbeschädigung als Selbstfürsorge. Zur intrapersonalen und interpersonellen Psychodynamik schwerer Selbstbeschädigungen der Haut. Forum Psychoanal. 3: 51–70.

SACHSSE, U. (1994): Overt Self-Injury. Psychother. Psychosom. 62: 82–90.

SACHSSE, U. (1994): Selbstverletzendes Verhalten. Psychodynamik – Psychotherapie. Vandenhoeck u. Ruprecht, Göttingen.

SACHSSE, U. (1995): Die Psychodynamik der Borderlinepersönlichkeitsstörung als Traumafolge. Forum Psychoanal. 11: 50–61.

SACHSSE, U.; Eß LINGER, K.; TAMELING, A. (1994): The Borderline Personality Disorder as a Sequel of Trauma. Vortrag Fourth IPA Conference on Psychoanalytic Research: »Clinical Applications of Current Research in Borderline Disorders, University College, Psychoanalysis Unit, London.

SACHSSE, U.; WILKE, E. (1987): Die Anwendung des katathymen

Bilderlebens bei psychosomatischen Erkrankungen. Theoretische Überlegungen zu Erfahrungen in der Praxis. Prax, Psychother. Psychosom. 32: 46–54.

SADGER, I. (1910): Heinrich von Kleist – eine pathographisch-psychologische Studie. Vlg. J.F. Bergmann, Wiesbaden (Grenzfragen des Nerven- u. Seelenlebens, H. 70).

SADGER, I. (1929). Zur Frage des gemeinsamen Sterbens. Allg. Zs. f. Psychotherapie u. psychische Hygiene 2–65–72.

SALAMA, A.; WILSON, R. (1982): Folie à deux in two sisters: suicide attempt. Can. J. Psychiatry 27: 334–335.

SAPIRA, J.D. (1981): Munchhausen's Syndrome and the technologic imperative. South. Med. J. 74: 193–196.

SATHYAVATHI, K. (1975): Usual and unusual suicide pacts in Bangalore – a report. Ind. Journal of Social Work 36,2: 173–180.

SCHARFETTER, C. (1984): Automanipulation von Krankheit. Schwez. Med. Wschr. 114–1142–1149.

SCHMIDTKE, A. (1988): Verhaltenstheoretisches Erklärungsmodell suizidalen Verhaltens. Roderer, Regensburg.

SCHMIDTKE, A.; HÄFNER, H. (1986): Die Vermittlung von Selbstmordmotivation und Selbstmordhandlungen durch fiktive Modelle – Die Folgen der Fernsehserie »Tod eines Schülers«. Nervenarzt 57: 502–510.

SCHMIDTKE, A.; WEINACKER, B. (1994): Suizidalität in der Bundesrepublik und in den einzelnen Bundesländern: Situation und Trends. Suizidprophylaxe 21: 4–16.

SCHÖTTLER, C. (1981): Zur Behandlungstechnik bei psychosomatisch schwer gestörten Patienten. Psyche 35: 111–141.

SCHUR, M. (1974): Zur Metapsychologie der Somatisierung. In: K. BREDE (Hg.), Einführung in die psychosomatische Medizin. Fischer, Frankfurt a.M.

SELYE, H. (1956): The Stress of Life. McGraw, New York.

SHORE, D. (1979): Self-mutilation and schizophrenia. Compr. Psychiat. 4: 384–387.

SIEGRIST, J. (1988): Medizinische Soziologie. 4. A. Urban u. Schwarzenberg, München.

SINGER, U. (1980): Massenselbstmord. Hippokrates, Stuttgart.

SIOMOPOULOS, M.D. (1974): Repeated self-cutting: an impuls neurosis. Am. J. Psychiat. 28: 85–94.

SOLOMON, G.F. (1981): Emotional and Personality Factors in the Onset and Course of Autoimmune Disease, Particulary Rheumatoid Arthritis. In: ADER, R. (Hg.), Psychoneuroimmunologie. Academic Press, New York.

SONNECK, G. (1982): Krisenintervention und Suizidverhütung. Psychiatrica Clinica 15(1–2): 5–96.

SPIRO, H.R. (1968): Chronic factitious illness: Munchhausen's syndrome. Arch. Gen. Pschiat. 18: 569–579.

STEIN, R. (1991): Jung's »Mana Personality« and the Nazi Era. In: MAIDENBAUM, A.; MARTIN, S.A. (Hg.), Lingering Shadows, Jungians, Freudians, and Anti-Semitism. Shambala, Boston/London, S. 89–116.

STEINERT, T. (1993): Freizeit-Risiko-Verhalten – Ein suizidales Phänomen? Suizidprophylaxe 20: 45–55.

STERN, D.N. (1989): Die Lebenserfahrung des Säuglings. Klett-Cotta, Stuttgart.

TABACHNICK, N. (1961): Countertransference Crisis in Suicidal Attempts. Arch. Gen. Psychiatry 4: 64–70.

TAMELING, A.; SACHSSE, U. (1995): Das Körperbild von psychisch Kranken mit selbstverletzendem Verhalten (SVV). Eine Untersuchung mit der Holtzman Incblot Technik (HIT). Psychother. Psychosom. med. Psychol.

TANTAM, D.; WHITTAKER, J. (1992): Personality disorder and self-wounding. Br. J. Psychiat. 161: 451–464.

TEISING, M. (1992): Alt und lebensmüde. Reinhardt, München.

THOMÄ, H. (1992): Der Körper in der Psychoanalyse. In: BUCHHEIM, P.; CIERPKA, M.; SEIFFERT, T. (Hg.), Lindauer Texte. Springer, Berlin, S. 123–145.

TORHORST, A. et al. (1986): Beschreibung soziodemographischer und psychiatrischer Daten von 295 Patienten nach einem Suizidversuch durch Intoxikation. Psychiat. Praxis 13(2): 63–71.

TRESS, W. (1985): Zur Psychoanalyse der Sucht. Eine Studie am objektpsychologischen Modell. Forum Psychoanal. 1: 81–92.

TULVING, E. (1972): Episodic and semantic memory. In: E. TULVING; W. DONALDSON (Hg.), Organization of memory. Academic Press, New York.

VOLZ, P.D. (1978): Mord und Selbstmord im Leben und Werk Kleists.

VOLZ, P.D. (1993): »Ganz reif zu Tode ...« Mord und Selbstmord im Leben und Werk Kleists. Suizidprophylaxe 20: 285–301.

WALSH, B.W.; ROSEN, P.M. (1988): Self-Mutilation. Guilford Press, Ne York.

WEDLER, H.-L. (1984). Der Suizidpatient im Allgemeinkrankenhaus. Enke, Stuttgart.

WILLENBERG, H. (1989): »Corriger le malheur«. Die Schädigung des Körpers durch Unfallneigung und selbstinduzierte chirurgische

Viktimisierungen. In: HIRSCH, M. (Hg.), Der eigene Körper als Objekt. Springer, Berlin u.a., S. 155–169.

WILLENBERG, H. (1994): Countertransference in Factitious Disorder. Psychother. Psychosom. 62: 129–134.

WILLENBERG, H. (1994): Probleme der Klassifikation heimlicher Selbstbeschädigung und Entwicklung eines Alternativvorschlages. Psychother. Psychosom. med. Psychol. 44: 331–337.

WINCHEL, R.; STANLEY, M. (1991): Self-injurious behavior: a review of the behavior and biology of self-mutilation. Am. J. Psychiat. 148: 306–317.

WOLFERSDORF, M. (1989). Depression und Suizidalität. Diagnostische Kennzeichen eines Überschneidungsbereiches. Neurologie Psychiatrie 3: 232–247.

WOLFERSDORF, M. (1989): Erkennen und Beurteilen von Suizidalität. Therapiewoche 39: 2947–2958.

WOLFERSDORF, M. et al. (1989): Gegenwärtiger Ergebnisstand zum Kliniksuizid. In: RITZEL, G. (Hg.), Kliniksuizid. Roderer, Regensburg.

WOLFERSDORF, M.; MÄULEN, B. (1992): Suizidprävention bei psychisch Kranken. In: WEDLER, H. et al. (Hg.), Therapie bei Suizidgefährdung. Roderer, Regensburg.

WOLK-WASSERMANN, D. (1986): Attempted Suicide. The Patient's Family, Social Network and Therapy. Kongl. Carolinska Medico Chirurgiska Inst., Stockholm.

ZIESE, P. (1968): Broken home. Suizid, erweiterter Suizid und endogene Depression. Sozialpsychiatrie 3: 70–75.

ZILBORG, G. (1936): Suicide among civilized and primitive races. Am. J. Psychiat. 92: 1347–1369.

ZIOLKO, H.U. (1970): Halluzinationen und Neurose. Neurosenpsychologische Betrachtungen zu halluzinatorischen Phänomenen. Psyche 24: 40–65.

ZSIGMOND, R. (1986/87): Persönliche Mitteilung.

ZWEIG, ST. (1944): Die Welt von Gestern. Bermann-Fischer, Stockholm.

Die Autoren

RAYMOND BATTEGAY, Prof. Dr. med., Chefarzt der Psychiatrischen Universitätspoliklinik und Ordinarius für Psychiatrie an der Universität Basel.

THOMAS HAENEL, Prof. Dr. med., Spezialarzt FMH für Psychiatrie und Psychotherapie in Basel.

ARNO HELLWIG, Dr. med., Arzt für Psychiatrie, Psychotherapie und Psychoanalyse; Leitender Chefarzt der Klinik Alpenblick, Fachklinik für Psychotherapie und Psychosomatik in Isny-Neutrauchburg.

JÜRGEN KIND, Dr. med., Arzt für Psychiatrie und Psychoanalytiker in Göttingen.

GERHARD H. PAAR, Dr. med., Arzt für Innere Medizin, Psychoanalyse und Psychotherapie; Ärztlicher Leiter der Psychosomatischen Fachklinik in Geldern.

ULRICH SACHSSE, Prof. Dr. med., Arzt für Psychiatrie, Psychotherapie. Psychoanalytiker im Landeskrankenhaus Göttingen. Medizinaldirektor, Oberarzt in der Akutpsychiatrie II. im Niedersächsischen Landeskrankenhaus Göttingen. Lehr- und Kontrollanalytiker. Lehrauftrag im Fach Psychiatrie der Medizinischen Fakultät der Universität Göttingen.

MATTHIAS SCHOOF, Dr. med., Psychotherapeut und Psychoanalytiker; Oberarzt der Klinik Alpenblick I, Fachklinik für Psychotherapie und Psychosomatik in Isny-Neutrauchburg.

Martin Teising, Prof. Dr. med., Arzt für Psychiatrie, Psychotherapie und Psychoanalyse; lehrt an der Fachhochschule
Frankfurt, Fachbereich Pflege und Gesundheit.

Hans L. Wedler, PD Dr. med., Internist und Psychotherapeut;
Leitender Arzt der Medizinischen Klinik II, Bürgerhospital in
Stuttgart.

Erik Wenglein, Dr. med., Psychotherapeut; Oberarzt der Fachklinik Alpenblick II, Fachklinik für Psychotherapie und Psychosomatik in Isny-Neutrauchburg.

Manfred Wolfersdorf, PD Dr. med., Arzt für Psychiatrie und
Psychotherapie; Leiter des Bereichs Akutpsychiatrie II/Depres-
sion im Psychiatrischen Landeskrankenhaus Weissenau, Abt.
Psychiatrie I der Universität Ulm.

Léon Wurmser, Prof. M.D., Psychoanalytiker in eigener Praxis
in Towson, Maryland.

Gewalt gegen sich selbst – woher kommt autodestruktives Verhalten?

Léon Wurmser
Die verborgene Seite
Psychodynamik des Drogenzwangs
Aus dem Amerikanischen von Ute
Schneider. Neufassung, deutsche
Erstausgabe 1996.
Ca. 300 Seiten, kartoniert.
ISBN 3-525-45789-8

Ulrich Sachsse
Selbstverletzendes Verhalten
Psychodynamik – Psychotherapie
2. Auflage 1995. 204 Seiten, kartoniert. ISBN 3-525-45771-5

Jürgen Kind
Suizidal
Die Psychoökonomie einer Suche
1992. 203 Seiten, kartoniert.
ISBN 3-525-45749-9

Manfred L. Söldner
Depression aus der Kindheit
Familiäre Umwelt und die
Entwicklung der depressiven
Persönlichkeit
1994. 221 Seiten mit 36 Tabellen,
kartoniert. ISBN 3-525-45768-5

Stavros Mentzos
Depression und Manie
Psychodynamik und Therapie
affektiver Störungen
1995. 206 Seiten mit 5 Abbildungen und 3 Tabellen, kartoniert.
ISBN 3-525-45775-8

Israel Orbach
Kinder, die nicht leben wollen
Aus dem Amerikanischen von Ute
Schneider. Sammlung Vandenhoeck. 1990. 243 Seiten, Paperback. ISBN 3-525-01413-9

Günter H. Seidler (Hg.)
Magersucht – öffentliches Geheimnis
1993. 261 Seiten, kartoniert.
ISBN 3-525-45765-0

V&R
Vandenhoeck
& Ruprecht